ESSAIS

DE

PSYCHOLOGIE
CONTEMPORAINE

DU MÊME AUTEUR

A la même Librairie :

Édition elzévirienne

———

Édition in-18
POÉSIE

———

PROSE

————

SOUS PRESSE :

————

ÉMILE COLIN. — IMP. DE LAGNY.

PAUL BOURGET

ESSAIS

de

PSYCHOLOGIE
CONTEMPORAINE

BAUDELAIRE — M. RENAN
FLAUBERT — M. TAINE — STENDHAL

NEUVIÈME ÉDITION

PARIS
ALPHONSE LEMERRE, ÉDITEUR
27-31, PASSAGE CHOISEUL, 27-31

M DCCC XCIII

AVANT-PROPOS

Les cinq chapitres qui composent ce volume ont paru, l'un après l'autre, dans la *Nouvelle Revue*, sous le titre, que j'ai cru devoir leur conserver, d'*Essais de Psychologie contemporaine*. Le lecteur, en effet, ne trouvera pas dans ces pages, consacrées pourtant à l'œuvre littéraire de cinq écrivains célèbres, ce que l'on peut proprement appeler de la critique. Les procédés d'art n'y sont analysés qu'autant qu'ils sont des *signes*, la personnalité des auteurs n'y est qu'à peine indiquée, et, je crois bien, sans une seule anecdote. Je n'ai voulu ni discuter des talents, ni peindre des caractères. Mon ambition a été de rédiger quelques notes capables de servir à l'historien de la Vie Morale pendant la seconde moitié du xix⁰ siècle français. Cette Vie Morale, comme il arrive dans les sociétés très civilisées, se compose de beaucoup d'éléments divers. Je ne crois pas énoncer une vérité bien neuve en affirmant que la Littérature est un de ces éléments, le plus important peut-être, car dans la diminution de plus en plus évidente des influences traditionnelles et locales, le *Livre* devient le grand initiateur. Il n'est aucun de nous qui, descendu au fond de sa conscience, ne reconnaisse qu'il n'aurait pas été tout à fait le même s'il n'avait pas lu tel ou tel ouvrage: poème ou roman, morceau d'histoire ou de philosophie. A cette minute précise, et tandis que j'écris cette ligne, un adolescent, que je *vois*, s'est accoudé sur son pupitre d'étudiant par ce beau soir d'un jour de juin. Les fleurs s'ouvrent sous la fenêtre, amoureusement. L'or tendre du soleil couché s'étend sur la ligne de l'horizon avec une délicatesse adorable. Des jeunes filles causent dans le jardin voisin. L'adolescent est pen-

ché sur son livre, peut-être un de ceux
dont il est parlé dans ces *Essais*. C'est
les *Fleurs du Mal* de Baudelaire, c'est la
Vie de Jésus de M. Renan, c'est la *Salammbô* de Flaubert, c'est le *Thomas
Graindorge* de M. Taine, c'est le *Rouge et
le Noir* de Beyle... Qu'il ferait mieux de
vivre! disent les sages... Hélas! c'est qu'il
vit à cette minute, et d'une vie plus intense
que s'il cueillait les fleurs parfumées, que
s'il regardait le mélancolique Occident,
que s'il serrait les fragiles doigts d'une
des jeunes filles. Il passe tout entier
dans les phrases de son auteur préféré.
Il converse avec lui de cœur à cœur,
d'homme à homme. Il l'écoute prononcer
sur la manière de goûter l'amour et de
pratiquer la débauche, de chercher le
bonheur et de supporter le malheur, d'en-
visager la mort et l'au delà ténébreux du
tombeau, des paroles qui sont des révélations. Ces paroles l'introduisent dans un
univers de sentiments jusqu'alors aperçu
à peine. De cette première révélation à

imiter ces sentiments, la distance est faible
et l'adolescent ne tarde guère à la fran-
chir. Un grand observateur a dit que
beaucoup d'hommes n'auraient jamais
été amoureux s'ils n'avaient entendu parler de l'amour. A coup sûr, ils auraient
aimé d'une autre façon. Définir quelques-
uns des exemplaires de sentiments que
certains écrivains de notre époque propo-
sent à l'imitation des tout jeunes gens,
et indiquer par hypothèse quelques-unes
des causes générales qui ont amené ces
écrivains à peindre ces sentiments comme
elles amènent leurs lecteurs à les goûter,
telle est exactement la matière de ces
Essais.

Oxford. — 13 Juin 1883.

I

CHARLES BAUDELAIRE

1.

PSYCHOLOGIE

CONTEMPORAINE

CHARLES BAUDELAIRE

Lire les *Fleurs du Mal* à dix-sept ans, lors-qu'on ne discerne point la part de mystification qui exagère en truculents paradoxes quelques idées, par elles-mêmes seulement exception-nelles, c'est entrer dans un monde de sensa-tions jusqu'alors inconnues. Il est des éduca-teurs d'âme d'une précision d'enseignement plus rigoureuse que Baudelaire : M. Taine, par exemple, et Henri Beyle. Il n'en est point de plus suggestifs et qui fascinent davantage.

Et tes yeux attirants comme ceux d'un portrait...

a-t-il écrit d'une des femmes coupables dont il a subi la magie ; il traîne quelque chose de

cette attirance et de ce regard au long de ses
vers mystérieux et câlins, ironiques à demi, à
demi plaintifs. Des stances de lui poursuivent
l'imagination qu'elles inquiètent avec une obsession qui fait presque mal. Il excelle surtout
à commencer une pièce par des mots d'une so-
lennité à la fois tragique et sentimentale qu'on
n'oublie plus :

> Que m'importe que tu sois sage!
> Sois belle et sois triste...

Et ailleurs :

> Toi qui, comme un coup de couteau,
> Dans mon cœur plaintif es entrée...

Et ailleurs :

> Comme un bétail pensif sur le sable couchées
> Elles tournent leurs yeux vers l'infini des mers...

Par tempérament et par rhétorique, Charles
Baudelaire fait flotter un vague halo d'étrangeté autour de ses poèmes, convaincu, comme
l'auteur de l'incomparable élégie *To Helen*,
Edgard Poë, qu'il n'est de beauté qu'un peu
singulière et que l'étonnement est la condition
du sortilège poétique. C'est un sortilège, en
effet, pour qui ne se rebute pas des complexi-

tés de cet art. L'impression est comparable à
celle qu'on ressent en présence des figures
peintes par le Vinci, avec ce modelé dans la
dégradation des teintes qui veloute de mystère
le contour du sourire. Une dangereuse curiosité force l'attention et invite aux longues rêveries devant ces énigmes de peintre ou de
poète ; — et à regarder longtemps l'énigme
livre son secret. Celui de Baudelaire est le secret de plus d'un d'entre nous, — il y a bien
des chances pour qu'il devienne le secret ainsi
du jeune homme qui se complaît dans cette lecture, inépuisable en révélations.

I

L'ANALYSE DE L'AMOUR DANS BAUDELAIRE

Il y a d'abord dans Baudelaire une conception particulière de l'amour. On la caractéri-
serait assez exactement, semble-t-il, par trois
épithètes, d'ordre disparate comme notre société. Baudelaire est tout à la fois, dans ses
vers d'amour : mystique, libertin et analyseur.
Il est mystique, et un visage d'une idéalité de

madone traverse sans cesse les heures sombres
ou claires de ses journées, rappelant la présence, en quelque autre univers dont le nôtre
ne serait que l'épreuve dégradée et grossière,
d'un esprit de femme « lucide et pur, » d'une
âme toujours désirable et toujours bienfaisante :

> Elle se répand dans ma vie
> Comme un air parfumé de sel,
> Et dans mon âme inassouvie
> Verse le goût de l'Éternel...

Il est libertin, et des visions dépravées jusqu'au sadisme troublent ce même homme qui
vient d'adorer le doigt levé de sa Madone. Les
mornes ivresses de la Vénus vulgaire, les ca-
piteuses ardeurs de la Vénus noire, les raffi-
nées délices de la Vénus savante, les crimi-
nelles audaces de la Vénus sanguinaire, ont
laissé de leur ressouvenir dans les plus spiri-
tualisés de ses poèmes. Il s'échappe un relent
d'alcôve infâme de ces deux vers du magnifique *Crépuscule du Matin* :

> Les femmes de plaisir, la paupière livide,
> Bouche ouverte, dormaient de leur sommeil stupide...

Le visage, lustré comme l'ébène, d'une amie

aux dents d'ivoire, aux cheveux crépus, a ins-
piré cette litanie de tendresse :

> Je t'adore à l'égal de la voûte nocturne,
> O Vase de tristesse, ô grande taciturne...

Des prêtresses païennes eussent reconnu un
dévot de leurs fêtes clandestines dans la description de ce boudoir, — fermé par autorité
de justice, — où Hippolyte accoude ses lassi-
tudes,

> A la pâle clarté des lampes languissantes
> Sur les profonds coussins tout imprégnés d'odeur...

Et la plus belle pièce du recueil, à mon avis
du moins, *la Martyre*, pourrait porter comme
épigraphe la sinistre phrase que l'auteur de la
Philosophie dans le boudoir se proposait d'ins-
crire sur une des chambres de la petite maison
de ses rêves : *Ici l'on torture!...*

> L'homme vindicatif que tu n'as pu, vivante,
>   Malgré tant d'amour, assouvir,
> Combla-t-il, sur ta chair inerte et complaisante,
>   L'immensité de son désir?...

A travers tant d'égarements, où la soif d'une
infinie pureté se mélange à la faim dévorante

des joies les plus pimentées de la chair, l'intelligence de l'analyseur reste cruellement
maîtresse d'elle-même. La mysticité, comme
le libertinage, se codifie en formules dans ce
cerveau qui décompose ses sensations, avec la
précision d'un prisme décomposant la lumière.
Le raisonnement n'est jamais entamé par la
fièvre qui brûle le sang ou par l'extase qui
évoque les chimères. Trois hommes à la fois
fois vivent dans cet homme, unissant leurs
sensations pour mieux presser le cœur et en
exprimer jusqu'à la dernière goutte la sève
rouge et chaude. Ces trois hommes sont bien
modernes, et plus moderne aussi est leur réu-
nion. La fin d'une foi religieuse, la vie à Paris,
et l'esprit scientifique du temps ont contribué à
façonner, puis à fondre ces trois sortes de sensibilités, jadis séparées jusqu'à paraître irré-
ductibles l'une à l'autre, et maintenant liées
jusqu'à paraître inséparables, au moins dans
cette créature, sans analogue avant le xixe siècle français, qui fut Baudelaire.

Les origines, ou mieux les couches succes-
sives qui ont fait cette âme sont donc aisées à
déterminer, rien qu'en regardant autour de
nous. Ne survit-il pas, dans notre siècle d'im-

piété, assez de catholicisme pour qu'une âme
d'enfant s'imbibe d'amour mystique avec une
inoubliable intensité ? La foi s'en ira, mais le
mysticisme, même expulsé de l'intelligence,
demeurera dans la sensation. Le décor pieux
s'évoque pour Baudelaire aux minutes obscures du crépuscule, avec une suavité qui montre
à quelle profondeur le premier frisson de la
prière avait crispé son cœur[1]. Le pli ne s'effaça
jamais. Tout naturellement le parfum des fleurs
s'évapore pour lui en encens. C'est un « repo-
soir » que le beau ciel, c'est un « ostensoir »
que le soleil qui se couche. Si l'homme n'a plus
le même besoin intellectuel de croire, il a conservé le besoin de sentir comme aux temps où
il croyait. Les docteurs en mysticisme avaient
constaté ces permanences de la sensibilité religieuse dans la défaillance de la pensée religieuse. Ils appelaient aussi culte de latrie, —
idololatrie, d'où *idolatrie*, — l'élan passionné
par lequel l'homme reporte sur telle ou telle
créature, sur tel ou tel objet, l'ardeur exaltée qui
se détourne de Dieu. On peut citer de Baudelaire d'étranges exemples de ce culte ; ainsi l'em-

---

1. Voir, dans les *Fleurs du Mal*, la pièce en forme de
pantoum, intitulée *Harmonie du soir* et numérotée XLVIII.

ploi d'une terminologie liturgique pour s'a-
dresser à une maîtresse et célébrer une volupté:

> Je veux bâtir pour toi, Madone, ma maîtresse,
> Un autel souterrain au fond de ma détresse...

Ou encore cette « prose » curieusement tra-
vaillée en style de la décadence latine qu'il a
intitulée : *Franciscæ meæ laudes*, et adressée
à une modiste érudite et dévote. Ce qui serait
chez un autre un blasphème ou un tour de
force, est chez lui un procédé que j'appellerais
spontané, si le mot spontané pouvait traduire
ce qu'il entrait de complication native dans
ce subtil et particulier personnage.

Ses goûts de libertin, en revanche, lui vinrent
de Paris. Il y a tout un décor du vice parisien,
comme il y a tout un décor des rites catholiques, dans la plupart de ses poèmes. Il a traversé, on le voit, et avec quelles hardies expériences, on le devine, tous les mauvais gîtes de
la ville impudique. Il a mangé dans les tables
d'hôte à côté de filles plâtrées, dont la bouche
saigne dans un masque de céruse. Il a dormi
dans les maisons d'amour, et connu la ran-
cœur du grand jour éclairant, avec les rideaux
flétris, le visage plus flétri de la femme ven-

due. Il a poursuivi, à travers toutes les excita-
tions et avec une âpreté de luxure qui touche
à la manie, le spasme sans réflexion qui monte
des nerfs jusqu'au cerveau, et, pour une seconde, guérit du mal de penser. Et en même
temps il a causé à tous les coins des rues de
cette ville monstrueuse, il a mené l'existence
du littérateur qui étudie toujours, et il a conservé, que dis-je ? il a aiguisé le tranchant de
son intelligence là où d'autres auraient à jamais émoussé leur esprit ; et de ce triple travail
est sorti, avec la conception d'un amour à la
fois mystique, sensuel et intelligent, le flot de
spleen le plus âcre et le plus corrosif qui ait
depuis longtemps jailli d'une âme d'homme.

II

LE PESSIMISME DE BAUDELAIRE

C'est Lamennais qui s'écria un jour : « Mon
âme est née avec une plaie. » Baudelaire aurait
pu s'appliquer cette phrase. Il était d'une race
condamnée au malheur. C'est l'écrivain peut-
être au nom duquel a été accolée le plus sou-

vent l'épithète de « malsain. » Le mot est
juste, si l'on signifie par là que les passions
du genre de celle que nous venons d'indiquer
trouvent malaisément des circonstances adap-
tées à leurs exigences. Il y a désaccord entre
l'homme et le milieu. Une crise morale en résulte et une torture du cœur. Mais le mot
« malsain » est inexact, si l'on entend par là
opposer un état naturel et régulier de l'âme,
qui serait la santé, à un état corrompu et artificiel, qui serait la maladie. Il n'y a pas à proprement parler de maladies du corps, disent
les médecins ; il n'y a que des états physiolo-
giques, funestes ou bienfaisants, toujours nor-
maux, si l'on considère le corps humain
comme l'appareil où se combine une certaine
quantité de matière en évolution. Pareillement, il n'y a ni maladie ni santé de l'âme, il
n'y a que des états psychologiques, au point de
vue de l'observateur sans métaphysique, car il
n'aperçoit dans nos douleurs et dans nos facultés, dans nos vertus et dans nos vices,
dans nos volitions et dans nos renoncements,
que des combinaisons, changeantes, mais fa-
tales et partant normales, soumises aux lois
connues de l'association des idées. Un préjugé

seul, où réapparaissent la doctrine antique des causes finales et la croyance à un but défini de l'univers, peut nous faire considérer comme naturels et sains les amours de Daphnis et de Chloë dans le vallon, comme artificiels et malsains les amours d'un Baudelaire dans le boudoir qu'il décrit, meublé avec un souci de mélancolie sensuelle :

> Les riches plafonds
> Les miroirs profonds,
> La splendeur orientale,
> Tout y parlerait
> A l'âme en secret
> Sa douce langue natale...

Seulement, les combinaisons d'idées compliquées ont plus de chance de ne pas rencontrer des circonstances appropriées à leur complication. Celui que ses habitudes ont conduit à un rêve du bonheur fait de beaucoup d'exclusions, souffre de la réalité, qu'il ne peut pétrir au gré de son désir : « La force par laquelle nous persévérons dans l'existence est bornée et la puissance des causes extérieures la surpasse infiniment... » Ce théorème de l'*Éthique* est l'explication du spleen du subtil

Baudelaire comme du « mal du siècle », comme du pessimisme. Quand la créature humaine est très civilisée, elle demande aux choses d'être selon son cœur, rencontre d'autant plus rare que le cœur est plus curieusement raffiné, et l'irrémédiable malheur apparaît.

Certes, l'ennui a toujours été le ver secret des existences comblées. D'où vient cependant que ce « monstre délicat [1] » n'ait jamais plus énergiquement bâillé sa misère que dans la littérature de notre siècle où se perfectionnent tant de conditions de la vie, si ce n'est que ce perfectionnement même, en compliquant aussi nos âmes, nous rend inhabiles au bonheur ? Ceux qui croient au progrès n'ont pas voulu apercevoir cette terrible rançon de notre bien-être mieux assis et de notre éducation plus complète. Ils ont reconnu dans l'assombrissement de notre littérature un effet passager des secousses sociales de notre âge, comme si d'autres secousses, et d'une autre intensité de bouleversement des destinées privées, avaient produit ce même résultat d'incapacité de bonheur chez tous les conducteurs de la gé-

---

1. Tu le connais, lecteur, ce monstre délicat. — Prologue des *Fleurs du Mal*.

nération. Il me semble plus vraisemblable de
regarder la mélancolie comme l'inévitable
produit d'un désaccord entre nos besoins de
civilisés et la réalité des causes extérieures; —
d'autant que, d'un bout à l'autre de l'Europe,
la société contemporaine présente les mêmes
symptômes, nuancés suivant les races, de cette
mélancolie et de ce désaccord. Une nausée
universelle devant les insuffisances de ce
monde soulève le cœur des Slaves, des Ger-
mains et des Latins, et se manifeste, chez les
premiers par le nihilisme, chez les seconds par
le pessimisme, chez nous mêmes par de soli-
taires et bizarres névroses. La rage meurtrière
des conspirateurs de Saint-Pétersbourg, les
livres de Schopenhauer, les furieux incendies
de la Commune et la misanthropie acharnée
des romanciers naturalistes, — je choisis avec
intention les exemples les plus disparates, —
révèlent ce même esprit de négation de la vie
qui, chaque jour, obscurcit davantage la civilisation occidentale. Nous sommes loin, sans
doute, du suicide de la planète, suprême désir des théoriciens du malheur. Mais lentement, sûrement, s'élabore la croyance à la
banqueroute de la nature, qui promet de deve-

nir la foi sinistre du xx⁰ siècle, si la science ou
une invasion de barbares ne sauve pas l'humanité trop réfléchie de la lassitude de sa propre pensée.

Ce serait un chapitre de psychologie compa-
rée aussi intéressant qu'inédit que celui qui
noterait, étape par étape, la marche des différentes races européennes vers cette tragique
négation de tous les efforts de tous les siècles.
Il semble que du sang à demi asiatique des
Slaves monte à leur cerveau une vapeur de
mort qui les précipite à la destruction, comme
à une sorte d'orgie sacrée. Le plus illustre des
écrivains russes disait devant moi, et à propos
des nihilistes militants : « Ils ne croient à rien,
mais ils ont besoin du martyre... » La longue
série des spéculations métaphysiques sur la
cause inconsciente des phénomènes est nécessaire à l'Allemand pour qu'il formule, en dépit
de son positivisme pratique, la désolante inanité de l'ensemble de ces phénomènes. Chez
les Français, et malgré la déviation extraordinaire de notre tempérament national depuis
cent années, le pessimisme n'est qu'une douloureuse exception, de plus en plus fréquente,
il est vrai, toujours créée par une destinée

d'exception. Ce n'est que la réflexion individuelle qui amène plusieurs d'entre nous, et
malgré l'optimisme héréditaire, à la négation
suprême. Baudelaire est un des « cas » les
plus réussis de ce travail particulier. Il peut
être donné comme l'exemplaire achevé d'un
pessimiste parisien , deux mots qui jurent
étrangement d'être accouplés. Encore vingt
années et on les emploiera peut-être couramment.

Et d'abord, c'est un pessimiste, ce qui le
distingue nettement des sceptiques tendres
comme Alfred de Musset ou des révoltés fiers
comme Alfred de Vigny. Du pessimiste il a le
trait fatal, le coup de foudre satanique, diraient les chrétiens : l'horreur de l'Être et le
goût, l'appétit furieux du Néant. C'est bien
chez lui le Nirvâna des Hindous retrouvé au
fond des névroses modernes et invoqué, par
suite, avec tous les énervements d'un homme
dont les ancêtres ont agi, au lieu d'être contemplé avec la sérénité hiératique d'un fils du
torride soleil :

Morne esprit, autrefois amoureux de la lutte,
L'Espoir dont l'éperon attisait ton ardeur

Ne veut plus t'enfourcher. Couche-toi sans pudeur,
Vieux cheval dont le pied à chaque obstacle butte.

Résigne-toi, mon cœur, dors ton sommeil de brute...

Il faut lire particulièrement, et dans leur détail, les pièces des *Fleurs du Mal* numérotées
LXXVIII, LXXIX, LXXX et intitulées *Spleen*,
l'avant-dernière strophe dans la pièce numérotée LXXXX et intitulée *Madrigal triste*, et
tout l'admirable morceau qui clôt le recueil :
le Voyage.

Pour ne pas oublier la chose capitale,
Nous avons vu partout et sans l'avoir cherché,
Du haut jusques en bas de l'échelle fatale
Le spectacle ennuyeux de l'immortel péché...

De ces vers s'exhale, non plus la lamentation
du regret qui pleure le bonheur perdu, ou du
désir qui implore le bonheur lointain, mais
l'amère et définitive malédiction jetée à l'existence par le vaincu qui sombre dans l'irréparable nihilisme, — au sens français du terme,
cette fois, — et il suffit de reprendre un par un
les éléments psychologiques dont nous avons
reconnu l'influence sur la conception de l'amour

chez le poète, pour reconstituer l'histoire de ce
« goût du néant » chez le catholique désabusé, —
devenu un libertin analyseur.

L'homme a reçu l'éducation du catholicisme,
et le monde des réalités spirituelles lui a été
révélé. Pour beaucoup, cette révélation est
sans conséquence. Ils ont cru en Dieu dans
leur jeunesse, mais à fleur d'esprit. Ils ne le
sentaient pas personnel et vivant. Pour ceux-là,
une foi dans les idées est suffisante, foi abstraite, et qui se prête à toutes sortes de transformations. Il leur faut un dogme, mais non
une vision. A la première croyance en Dieu ils
substitueront la croyance, qui à la Liberté, qui
à l'Ordre Social, qui à la Révolution, qui à la
Science. Chacun de nous peut chaque jour
constater, chez lui-même et chez ses voisins,
des transformations de cet ordre. Il n'en va
pas ainsi pour l'Ame mystique, — et celle de
Baudelaire en était une. Car cette Ame, quand
elle croyait, ne se contentait pas d'une foi dans
une idée. Elle *voyait* Dieu. Il était pour elle,
non pas un mot, non pas un symbole, non pas
une abstraction, mais un Être, en la compagnie
duquel l'Ame vivait comme nous vivons avec
un père qui nous aime, qui nous connaît e•

qui nous comprend. L'illusion a été si douce
et si forte, qu'une fois partie, elle n'a plus
laissé de place à des substitutions d'une intensité inférieure. Quand on a connu l'ivresse de
l'opium, celle du vin écœure et paraît mesquine. En s'en allant au contact du siècle, la
foi a laissé dans ces sortes d'âmes une fissure
par où s'écoulent tous les plaisirs. Ç'a été le
sort de Baudelaire. Il faut voir avec quel dédain, — assez inintelligent, avouons-le, comme
tous les dédains, — il malmène les croyants
du second degré, ceux qui font leur Dieu de
l'Humanité ou du Progrès. Quoi de plus naturel alors qu'il éprouve une sensation de vide
devant ce monde où il cherche vainement un
Idéal concret qui corresponde à ce qui lui reste
d'aspirations vers l'au delà ? Ce sont alors,
afin de combler ou de tromper ce vide, de furieuses recherches des excitants... Ce sont des
lectures enivrantes comme un opium, de Pro-
clus, de Swedenborg, d'Edgard Poë, de Quin-
cey, de tous les livres en un mot qui ont peint
l'envolement de l'âme « n'importe où, hors du
monde ¹ ». Ce sont des opiums excitants

1. C'est le titre d'un des *poèmes en prose* de Baudelaire.

comme des lectures. Ce qu'il faut, à cet assoiffé d'un infini réel, c'est le paradis artificiel
à défaut de la croyante dans un paradis vrai.
C'est encore, en des heures noires, l'essai de
retour au monde mystique par le chemin de
l'épouvante. Mais de ces courses l'Ame revient
plus exténuée, plus persuadée que la religion
n'est qu'un rêve, personnel et mensonger, de
l'homme qui mire son désir dans le néant de la
nature. Nulle angoisse n'est plus terrible pour
un mystique : comprendre que le besoin de
croire est tout subjectif, et que la foi de jadis sor-
tait de nous-même et n'était que notre œuvre !
Et sur le fond vide du ciel se détache la redou-
table et consolante figure de Celle qui affran-
chit de tous les esclavages et délivre de tous les
doutes : la Mort,

> Qui parcourt, comme un prince inspectant sa maison,
> Le cimetière immense et froid, sans horizon,
> Où gisent, aux lueurs d'un soleil blanc et terne,
> Les peuples de l'histoire ancienne et moderne.

Ce même nihilisme est l'aboutissement du
libertinage analytique propre à Baudelaire.
Quelques poètes, et Musset au premier rang,
ont raconté combien la débauche est meur-

trière à l'amour. Baudelaire a plongé plus
avant dans la vérité de la nature humaine en
racontant combien la débauche est meurtrière
au plaisir. Certes, il s'élève, au fond de toute.
créature née pour la noblesse et qui a mésusé.
de ses sens, de douloureux et troublants appels
vers une émotion sentimentale qui fuit toujours.

Dans la brute assouvie un ange se réveille...

Il y a, de plus, la sinistre incapacité de procurer un entier frisson de plaisir au système nerveux trop surmené. Une indescriptible nuance
de spleen, d'un spleen physique celui-là, et
comme fait de la lassitude du sang, s'établit
chez le libertin qui ne connaît plus l'ivresse. ·
Son imagination s'exalte. Il rêve de souffrir
alors, et de faire souffrir, pour obtenir cette
vibration intime qui serait l'extase absolue de
tout l'être. L'étrange rage qui a produit Néron
et Héliogabale le mord au cœur. « L'appareil
sanglant de la destruction [1] » rafraîchit seul
pour une minute cette fièvre d'une sensualité
qui ne se satisfera jamais. Voilà l'homme de \

1. Mot de Baudelaire.

la décadence, ayant conservé une incurable
nostalgie des beaux rêves de ses aïeux, ayant,
par la précocité des abus, tari en lui les sources
de la vie, et jugeant d'un regard demeuré lucide l'inguérissable misère de sa destinée, c'est-
à-dire, — car voyons-nous le monde autrement qu'à travers le prisme de nos intimes
besoins? — de toute destinée !

III

THÉORIE DE LA DÉCADENCE

Si une nuance très spéciale d'amour, si une
nouvelle façon d'interpréter le pessimisme font
déjà de la tête de Baudelaire un appareil psychologique d'un ordre rare, ce qui lui donne
une place à part dans la littérature de notre
époque, c'est qu'il a merveilleusement compris
et presque héroïquement exagéré cette spécialité et cette nouveauté. Il s'est rendu compte
qu'il arrivait tard dans une civilisation vieillissante, et, au lieu de déplorer cette arrivée tar-

dive, comme La Bruyère et comme Musset [1], il s'en est réjoui, j'allais dire honoré. Il était un homme de décadence, et il s'est fait un théoricien de décadence. C'est peut-être là le trait le plus inquiétant de cette inquiétante figure. C'est peut-être celui qui exerce la plus troublante séduction sur une âme contemporaine.

Par le mot de décadence, on désigne volontiers l'état d'une société qui produit un trop grand nombre d'individus impropres aux travaux de la vie commune. Une société doit être assimilée à un organisme. Comme un organisme, en effet, elle se résout en une fédération d'organismes moindres, qui se résolvent eux-mêmes en une fédération de cellules. L'individu est la cellule sociale. Pour que l'organisme total fonctionne avec énergie, il est nécessaire que les organismes composants fonctionnent avec énergie, mais avec une énergie subordonnée; et pour que ces organismes

1. Tout est dit, et l'on vient trop tard depuis plus de sept mille ans qu'il y a des hommes et qui pensent (*Caractères*).

Je suis venu trop tard dans un monde trop vieux.

(*Rolla.*)

moindres fonctionnent eux-mêmes avec énergie, il est nécessaire que leurs cellules composantes fonctionnent avec énergie, mais avec une énergie subordonnée. Si l'énergie des cellules devient indépendante, les organismes qui composent l'organisme total cessent pareillement de subordonner leur énergie à l'énergie totale, et l'anarchie qui s'établit constitue la décadence de l'ensemble. L'organisme social n'échappe pas à cette loi, et il entre en décadence aussitôt que la vie individuelle s'est exagérée sous l'influence du bien-être acquis et de l'hérédité. Une même loi gouverne le développement et la décadence de cet autre organisme qui est le langage. Un style de décadence est celui où l'unité du livre se décompose pour laisser la place à l'indépendance de la page, où la page se décompose pour laisser la place à l'indépendance de la phrase, et la phrase pour laisser la place à l'indépendance du mot. Les exemples foisonnent dans la littérature actuelle qui corroborent cette féconde hypothèse.

Pour juger d'une décadence, le critique peut se mettre à deux points de vue, distincts jusqu'à en être contradictoires. Devant une so-

ciété qui se décompose, l'empire romain, par
exemple, il peut, du premier de ces points de
vue, considérer l'effort total et en constater
l'insuffisance. Une société ne subsiste qu'à la
condition d'être capable de lutter vigoureuse-
ment pour l'existence dans la concurrence des
races. Il faut qu'elle produise beaucoup de
beaux enfants et qu'elle mette sur pied beaucoup de braves soldats. Qui analyserait ces
deux formules y trouverait enveloppées toutes
les vertus privées et civiles. La société romaine
produisait peu d'enfants; elle en arrivait à ne
plus mettre sur pied de soldats nationaux. Les
citoyens se souciaient peu des ennuis de la pa-
ternité. Ils haïssaient la grossièreté de la vie
des camps. Rattachant les effets aux causes, le
critique qui examine cette société de ce point
de vue général conclut que l'entente savante
du plaisir, le scepticisme délicat, l'énervement
des sensations, l'inconstance du dilettantisme,
ont été les plaies sociales de l'empire romain,
et seront en tout autre cas des plaies sociales
destinées à miner le corps tout entier. Ainsi
raisonnent les politiciens et les moralistes qui
se préoccupent de la quantité de force que peut
rendre le mécanisme social. Autre sera le point

de vue du critique qui considérera ce mécanisme d'une façon désintéressée et non plus
dans le jeu de son action d'ensemble. Si les
citoyens d'une décadence sont inférieurs comme
ouvriers de la grandeur du pays, ne sont-ils
pas très supérieurs comme artistes de l'intérieur de leur âme? S'ils sont malhabiles à l'action privée ou publique, n'est-ce point qu'ils
sont trop habiles à la pensée solitaire? S'ils
sont de mauvais reproducteurs de générations
futures, n'est-ce point que l'abondance des sensations fines et l'exquisité des sentiments rares
en ont fait des virtuoses, stérilisés mais raffinés, des voluptés et des douleurs? S'ils sont
incapables des dévouements de la foi profonde,
n'est-ce point que leur intelligence trop culti-
vée les a débarrassés des préjugés, et qu'ayant
fait le tour des idées, ils sont parvenus à cette
équité suprême qui légitime toutes les doctrines en excluant tous les fanatismes? Certes,
un chef germain du II⁰ siècle était plus capable
d'envahir l'empire qu'un patricien de Rome
n'était capable de le défendre; mais le Romain érudit et fin, curieux et désabusé, tel que
nous connaissons l'empereur Hadrien, le César amateur de Tibur, représentait un plus

riche trésor d'acquisition humaine. Le grand
argument contre les décadences, c'est qu'elles
n'ont pas de lendemain et que toujours une
barbarie les écrase. Mais n'est-ce pas comme
le lot fatal de l'exquis et du rare d'avoir tort
devant la brutalité? On est en droit d'avouer
un tort de cette sorte et de préférer la défaite
d'Athènes en décadence au triomphe du Macé-
donien violent.

Il en est de même des littératures de décadence. Elles non plus n'ont pas de lendemain.
Elles aboutissent à des altérations de vocabu-
laire, à des subtilités de mots qui rendent le
style inintelligible aux générations à venir.
Dans cinquante ans, le style des frères de Goncourt, —je choisis des décadents de parti pris,
— ne sera compris que des spécialistes. Qu'importe? pourraient répondre les théoriciens de
la décadence. Le but de l'écrivain est-il de se
poser en perpétuel candidat devant le suffrage
universel des siècles? Nous nous délectons dans
ce que vous appelez nos corruptions de style,
et nous délectons avec nous les raffinés de
notre race et de notre heure. Il reste à savoir
si notre exception n'est pas une aristocratie, et
si, dans l'ordre de l'esthétique, la pluralité des

suffrages représente autre chose que la pluralité des ignorances. Outre qu'il est assez puéril
de croire à l'immortalité, puisque les temps ap-
prochent où la mémoire des hommes, surchar-
gée du prodigieux chiffre des livres, fera banqueroute à la gloire, c'est une duperie de ne
pas avoir le courage de son plaisir intellectuel.
Complaisons-nous donc dans nos singularités
d'idéal et de forme, quitte à nous y emprison-
ner dans une solitude sans visiteurs. Ceux qui
viendront à nous seront vraiment nos frères,
et à quoi bon sacrifier aux autres ce qu'il y a
de plus intime, de plus spécial, de plus personnel en nous?

Les deux points de vue sont légitimes. Il est
rare qu'un artiste ait le courage de se placer
résolument au second. Beaudelaire eut ce courage et le poussa jusqu'à la fanfaronnade. Il se
proclama décadent et il rechercha, on sait avec
quel parti pris de bravade, tout ce qui, dans
la vie et dans l'art, paraît morbide et artificiel
aux natures plus simples. Ses sensations préfé-
rées sont celles que procurent les parfums, parce
qu'elles remuent plus que les autres ce je ne sais
quoi de sensuellement obscur et triste que nous
portons en nous. Sa saison aimée est la fin de

l'automne, quand un charme de mélancolie
semble ensorceler le ciel qui se brouille et le
cœur qui se crispe. Ses heures de délices sont
les heures du soir, quand le ciel se colore,
comme dans les fonds de tableaux du Vinci,
des nuances d'un rose mort et d'un vert
quasi agonisant. La beauté de la femme ne lui
plaît que précoce et presque macabre de mai-
greur, avec une élégance de squelette apparue
sous la chair adolescente, ou bien tardive et
dans le déclin d'une maturité ravagée :

> ... Et ton cœur, meurtri comme une pêche,
> Est mûr, comme ton corps, pour le savant amour.

Les musiques caressantes et languissantes,
les ameublements curieux, les peintures singulières sont l'accompagnement obligé de ses
pensées mornes ou gaies, « morbides » ou
« pétulantes », comme il dit lui-même avec plus
de justesse. Ses auteurs de chevet sont ceux
dont je citais plus haut le nom, écrivains d'exception qui, pareils à Edgard Poë, ont tendu
leur machine nerveuse jusqu'à devenir hallu-
cinés, sortes de rhéteurs de la vie trouble dont
la langue est « marbrée déjà des verdeurs de

la décomposition [1] ». Partout où chatoie ce qu'il appelle lui-même avec une étrangeté ici nécessaire la « phosphorescence de la pourriture », il se sent attiré par un magnétisme invincible. En même temps, son intense dédain du vulgaire éclate en paradoxes outranciers, en mystifications laborieuses. Ceux qui l'ont connu rapportent de lui, pour ce qui touche à ce dernier point, des anecdotes extraordinaires. La part une fois taillée à la légende, il demeure avéré que cet homme supérieur garda toujours quelque chose d'inquiétant et d'énigmatique, même pour les amis intimes. Son ironie douloureuse enveloppait dans un même mépris la sottise et la naïveté, la niaiserie des innocences et la stupidité des péchés. Un peu de cette ironie teinte encore les plus belles pièces du recueil des *Fleurs du Mal*, et chez beaucoup de lecteurs, même des plus fins, la peur d'être dupes de ce grand dédaigneux empêche la pleine admiration.

Tel quel, et malgré les subtilités qui rendent l'accès de son œuvre plus que difficile au grand

[1]. Théophile GAUTIER. *Étude sur Baudelaire.*

nombre, Baudelaire demeure un des éducateurs
féconds de la génération qui vient. Son influence n'est pas aussi aisément reconnaissable que celle d'un Balzac ou d'un Musset,
parce qu'elle s'exerce sur un petit groupe. Mais
ce groupe est celui des intelligences distinguées : poètes de demain, romanciers déjà en
train de rêver la gloire, essayistes à venir. In-
directement et à travers eux, un peu des singularités psychologiques que j'ai essayé de fixer
ici pénètre jusqu'à un plus vaste public; et
n'est-ce pas de pénétrations pareilles qu'est
composé ce je ne sais quoi dont nous disons :
l'atmosphère morale d'une époque?

II

. ERNEST RENAN

M. ERNEST RENAN

M. Ernest Renan a enfin terminé la grande
œuvre de sa maturité : l'*Histoire des Origines du Christianisme*. Le livre consacré à
Marc-Aurèle a clos cette série d'études religieuses ouverte sur l'attendrissante et mélancolique figure du Crucifié. En même temps
qu'il poursuivait l'achèvement de cette longue
tâche, avec une persévérance infatigable, le
maître-écrivain distribuait de ci de là ses idées
d'à côté, si l'on peut dire, en une quantité d'articles de journaux ou de revues : essais à l'occasion d'un volume nouveau, dialogues à la
manière de Platon, comédies philosophiques
dans la tradition de Shakespeare, lettres à des
collègues de l'Institut et à des amis d'Allema-

gne, menus traités de politique contemporaine. Aucun homme de notre époque n'a exécuté plus complètement le double programme
d'une vaste existence intellectuelle : tenir la
main à une œuvre d'une longue suite et prêter
sa pensée aux accidents de la vie environnante.
Un effort aussi complexe peut être considéré
sous bien des faces. Un des maîtres de l'exégèse, M. Colani, par exemple, ayant pesé
la valeur des arguments fournis par l'auteur
de *Marc-Aurèle* sur les diverses questions
qu'il a traitées, nous présenterait une analyse
critique de l'historien. Un naturaliste des esprits, comme M. Taine, démontrerait, à travers les multiples fantaisies de l'auteur de la
Vie de Jésus, de la *Réforme intellectuelle* et de
Caliban, la permanence des deux ou trois facultés maîtresses qui commandent à ces fantaisies. Le titre même de ce livre indique le
point de vue, moins défini à la fois et plus spé-
cialement psychologique, auquel je voudrais me
placer ici. Je me suis proposé de marquer en
quelques-unes de leurs nuances les exemples
de sensibilité que des écrivains célèbres de nos
jours offrent à l'imagination des jeunes gens
qui cherchent à se connaître eux-mêmes à

travers les livres. M. Ernest Renan est un de
ces écrivains célèbres. Les hasards de la destinée l'ont conduit à représenter à un haut degré deux ou trois états de l'âme, particuliers à
notre XIXᵉ siècle finissant. Initiateur d'une séduction d'autant plus troublante qu'elle est
moins impérative, à combien d'entre nous
a-t-il révélé d'étranges horizons de leur propre
cœur? Combien l'ont lu qui venaient de lire
un poème de Baudelaire et en lui demandant
une même sorte d'excitation?...

I

DE LA SENSIBILITÉ DE M. RENAN

Une objection se présente pourtant qu'il faut
résoudre pour justifier cette étude tout entière.
Prise en son ensemble, l'œuvre de M. Renan
est une œuvre de science. Or, est-il légitime de
considérer une telle œuvre autrement que du
point de vue scientifique? C'est la prétention
des savants, que le résultat de leurs travaux
demeure comme indépendant de leur personne. Même cette impersonnalité constitue

3

le caractère propre de la connaissance scientifique. Si l'acte de connaître, en effet, consiste
à reproduire dans la pensée un groupe lié de
phénomènes, connaître scientifiquement, c'est
reproduire ce groupe avec une correction telle,
que n'importe quelle intelligence exacte doive
le reproduire de la même façon. L'élément
personnel, ou, comme disent les philosophes,
subjectif, est donc par définition écarté de
l'ordre scientifique. La science est ainsi de
tous les temps et de tous les esprits. Elle voit
les objets, suivant l'éloquente formule de Spinoza, « sous le caractère d'éternité. » Mais ce
ne saurait être qu'en éliminant ce que la sensibilité apporte avec elle d'arbitraire à la fois
et de caduc. Par suite, il semble bien qu'il y
ait quelque naïveté, ou quelque ironie, à rechercher la part de la sensibilité dans les travaux d'un savant, puisque précisément dans
cette part de sensibilité, si elle existe, réside ce
que l'effort de ce savant enferme de contraire
à la méthode et de condamné.

L objection serait irréfutable si les conditions de la connaissance étaient toujours dans
un état de simplicité idéale. Cette simplicité
se réalise en fait lorsqu'une expérience est dis-

posée par un professeur de physique devant
des élèves studieux qui en notent les régulières
étapes. Il y a là, d'une part, un groupe de
phénomènes très nettement déterminés, des
intelligences, d'autre part, très attentivement
préparées. Le problème scientifique ne se pose
plus ainsi lorsqu'au lieu de l'enseignement
d'une découverte analysée, il s'agit d'une recherche à poursuivre. L'objet de la recherche
n'apparaît point avec une netteté définie, et
l'entendement du chercheur n'est plus comparable à une glace nettoyée de ses poussières.
Même le mot d'entendement cesse d'être exact.
L'homme n'a pas trop de toutes ses facultés
pour cette œuvre de création. Car découvrir,
c'est créer. L'imagination entre en branle,
partant l'arrière-fond même du tempérament
dont cette imagination est le raccourci. Un
exemple emprunté aux sciences en apparence
les plus impersonnelles qui soient, montrera
bien comment la diversité des natures se révèle sous l'unité illusoire des méthodes. On
sait que les mathématiciens se distribuent en
deux écoles très distinctes : les analystes et les
géomètres. Les premiers s'occupent surtout
de symboles abstraits et de formules algébri-

ques; ils aiment à en suivre les métamorphoses, à en étudier les propriétés indépendam-
ment des problèmes concrets, pour la solution
desquels ces symboles pourront être utilisés.
S'ils ont à traiter de tels problèmes, ils s'efforcent d'en faire pénétrer la matière dans quelqu'une de leurs formes, et se hâtent d'oublier
cette matière pour se livrer à leurs déductions
abstraites. Les seconds, au contraire, s'atta-
quent aux problèmes en eux-mêmes et cherchent à les résoudre directement. S'ils se servent de symboles, ce n'est que pour fixer leur
attention. Tandis que les premiers s'étudient
à considérer des formes vides de toute matière, les seconds tâchent de ne jamais perdre de
vue la matière que les formes représentent.
Le psychologue reconnaît dans cette divergence l'effet des deux sortes d'imagination :
l'une qui se représente plutôt des raisonnements que des images concrètes; l'autre, qui
fut celle de Bonaparte et qui est celle de tous
les joueurs d'échecs, capable de se représenter
des portions d'espace et de les voir en toute
leur étendue. Chaque esprit de savant a donc
son allure originale, même dans l'ordre des
connaissances les plus dégagées de la com-

plexité de la vie ; que sera-ce dans l'ordre des
connaissances les plus vivantes et les plus
complexes qui se puissent concevoir, j'entends
les sciences historiques?

Seul, le fait de se passionner pour cet ordre
de connaissances est un indice de préoccupa-
tions très particulières, et, à travers les steppes
démesurés des siècles morts, le soin que le
chercheur a pris de planter sa tente à telle ou
telle place est un second indice où se révèle
souvent tout le secret d'une âme. Qui ne comprend que l'histoire de Port-Royal devait tenter vers les trente ans le poète fatigué des désordres de ses sens qui avait écrit les *Conso-
lations*, l'Épicurien d'émotions mystiques qui
s'était complu dans les analyses de *Volupté*,
le dissecteur de consciences qui avait déjà étudié les « cas » des premiers *Portraits?* Ajoutez qu'un sujet d'histoire une fois choisi, la
méthode reste à choisir, tant de recherche que
d'exposition : choix plus personnel encore et
que nul traité de logique ne saurait imposer,
car c'est ici la fonction de l'art. Ajoutez enfin
que, chez l'historien digne de ce nom, tout le
travail préparatoire aboutit à une évocation
des créatures qui ont vécu, et que cette évoca·

tion se subordonne nécessairement à la sensibilité de l'évocateur. Est-il un ancien soldat,
comme Stendhal, inquiété par le problème de
la production de l'énergie, et doué du pouvoir
de se figurer des états de volition? Il choisira,
comme l'auteur des *Chroniques italiennes*, des
époques d'énergie à outrance, le xv⁰ siècle ou
le xvı⁰, et les documents lui serviront à ressus-
citer les états de volition propres aux personnages de ces époques. Un Michelet, lui, visionnaire maladif, inquiété par le problème de
la production du sentiment et doué du pouvoir de se figurer avec une sympathie divinatoire des tendresses et des douleurs, s'attar-
dera de préférence aux époques d'exaltation
enthousiaste et frémissante. Il apercevra, sous
la lettre des documents, les extases et les défaillances, tous les profonds troubles nerveux
qui remuaient ses frères de jadis. Nous avons
beau colliger des documents avec une patience
de Bénédictin, les vérifier et les classer avec
un scrupule d'anatomiste, ces documents ne
sont, en dernier ressort, que des auxiliaires de
notre imagination. Ils n'en transforment pas
l'essence. Quand des textes authentiques nous
ont révélé les faits et gestes d'un personnage

ancien ou moderne, il nous reste à pénétrer, par
une intuition qui ressemble au travail du poète
ou du romancier, dans l'intérieur de l'âme de
ce personnage. Il faut qu'une vision surgisse
en nous, laquelle ne saurait être d'une autre
espèce que les visions qui nous hantent lorsque
les noms de nos parents ou de nos amis sont
prononcés. C'est assez dire que cette vision a
ses insuffisances et ses exagérations spéciales,
que les traits physiques ou les traits moraux
prédominent, et que ces traits physiques ou
ces traits moraux éveillent en nous certaines
répugnances ou certaines complaisances.

Plus personnelle encore sera cette vision, et
plus émue, si le sujet choisi enveloppe quelques problèmes essentiels du temps dont nous
sommes. On peut comprendre qu'un écrivain
.se hausse jusqu'à une impartialité presque absolue en traçant le récit des campagnes d'An-
nibal. Il n'en ira pas ainsi lorsqu'il s'agira du
détail d'une de ces révolutions d'idées qui nous
atteignent nous-mêmes au vif de notre existence morale. L'histoire à laquelle M. Renan
a voué les efforts de son âge mûr est de celles
qu'on ne saurait aborder sans y mêler ainsi sa
chair et son sang. Lorsqu'on est l'enfant d'une

mère pieuse qu. s'agenouillait sur la pierre des
églises aux heures où elle conçut votre âme,
lorsqu'on a soi-même, durant les années de la
jeunesse, aperçu à l'horizon de ses rêveries la
colline du Golgotha et les croix dressées, lorsqu'on a déraciné de soi la croyance au prix de
la lutte la plus tragique et avec la sensation
qu'il y allait de la vie éternelle, certes l'histoire
de Celui qu'on appela Son Rédempteur et Son
Christ ne saurait être étudiée avec l'indépendance de cœur d'un chimiste considérant un
précipité. J'affirme même qu'elle ne le doit pas,
et que, dans l'analyse des grands bouleverse-
ments moraux de l'humanité, l'indifférence impassible est ce qu'il y a de moins intelligent,
partant de moins scientifique. Si les médecins
distingués nous paraissent souvent de très mauvais juges de la vie psychologique, c'est précisément qu'ils jugent cette vie par le dehors et
qu'aucune sympathie ne les introduit dans l'intime domaine du sentiment. Le martyrologe
ne semblera-t-il point un recueil d'indéchif-
frables extravagances au regard de celui qui
n'aura jamais éprouvé les nostalgiques délices
de la folie de la Croix ? Il faut cependant que
cette folie soit passée pour que l'intelligence et

la sensibilité s'équilibrent dans une proportion
qui permette la sympathie, mais lucide, et
l'analyse, mais tendre. La rencontre est rare
et vaut qu'on la signale non point comme une
faiblesse, mais comme une force, et ce n'est
pas manquer de respect au consciencieux effort
de M. Renan que de distinguer chez lui cette
part de l'imagination sentimentale, grâce à
laquelle il a compris que l'histoire n'est pas,
suivant la phrase du grand Anglais Carlyle,
« une misérable chose morte, bonne pour être
fourrée dans des bouteilles de Leyde et vendue
sur des comptoirs. *C'est une chose vivante, une
chose ineffable et divine...* » Cette *Histoire des
Origines du Christianisme* est, en effet, un livre
d'où la vie déborde et qui laisse voir à la fois
toutes les âmes des martyrs morts et l'âme de
l'écrivain qui raconte leur agonie. Elle est toute
semblable à ces pieuses cènes de la Renaissance où l'artiste peignait son propre visage
parmi ceux qui se pressaient autour du Seigneur. C'est cette âme et ce visage qu'il convient de caractériser, afin de montrer quelles
nécessités ont conduit ce savant à représenter
si fortement quelques-unes des tendances sentimentales de notre époque.

3.

Je disais que le choix seul d'un sujet d'histoire pouvait être considéré comme l'indice
d'une sensibilité tout entière. Il n'est pas besoin d'une grande habitude de ces sortes de
réflexions pour reconnaître dans les titres
mêmes des volumes publiés par M. Renan la
preuve indiscutable qu'une sensibilité toute religieuse a conduit l'écrivain, et que son imagination doit être toute morale et tournée vers
les émotions de la conscience. Quelques pages
prises parmi celles où les raisonnements du
critique cèdent la place à la rêverie du poète :
celle, par exemple, qui ouvre la *Vie de Jésus*,
— prélude délicieux de cette symphonie mystique : — « Te souviens-tu, du sein de Dieu où
tu reposes... »; celle, dans l'*Eau de Jouvence*,
qui module le songe de Léolin : « Cœur trans-
verbéré, que tu m'as fait souffrir... » ; celle encore, presque divine, des *Essais de Morale*, où,
à l'occasion des bardes du viᵉ siècle, il est parlé
de ces « émanations d'en haut qui, tombant
goutte à goutte sur l'âme, la traversent, comme
des souvenirs d'un autre monde... » ; — ces
pages, dis-je, et combien d'autres, confirment
aussitôt cette première hypothèse. Elles révèlent une imagination spéciale, dans laquelle

ressuscitent naturellement, non des contours
d'objets comme chez Victor Hugo, — non des
états de volonté comme chez Stendhal, — non
des frémissements nerveux comme chez les
frères de Goncourt, — mais bien des sentiments
moraux : entendez par là de ceux qui servent
à interpréter profondément, sincèrement, les
joies et les douleurs, les devoirs et les travaux
de chaque jour. Il suffit de se rappeler que
M. Renan est Breton, pour reconnaître que
cette imagination lui vient de sa race, et il
a donné lui-même la formule de sa nature
d'esprit lorsqu'il a tracé, dans son étude sur la
Poésie des races celtiques, ce portrait, doucement idéalisé, du Breton,— mais cette idéalisa-
tion même n'est-elle pas comme un document
de plus ? « ... C'est une race timide, réservée,
vivant tout en dedans, pesante en apparence,
mais sentant profondément, et portant dans
ses instincts religieux une adorable délicatesse... Cette infinie délicatesse qui caractérise
la race celtique est étroitement liée à son besoin de concentration: Les natures peu expan-
sives sont presque toujours celles qui sentent
avec le plus de profondeur, car plus le sentiment est profond, moins il tend à s'exprimer.

De là cette charmante pudeur, ce quelque chose
de voilé, de sobre, d'exquis, à égale distance
de la rhétorique du sentiment trop familière
aux races latines, et de la naïveté réfléchie de
l'Allemand... La réserve apparente des peuples
celtiques, qu'on prend pour de la froideur, tient
à cette timidité intérieure qui leur fait croire
qu'un sentiment perd la moitié de sa valeur
quand il est exprimé et que le cœur ne doit
avoir de spectateur que lui-même... » Faut-il
attribuer ces prédispositions de l'âme celtique
à l'héréditaire influence d'un climat mélancolique et qui multiplie autour de l'homme
les impressions vagues et ensorcelantes?... Le
paysage de pierres et de landes développe ses
étendues mornes. La mer à l'horizon crispe
ses ondes démesurées où toute la désolation
du ciel gris s'infiltre nuage à nuage. C'est bien
ici le Finistère, — le terme du monde, — l'extrême déferlement de la marée de peuples que
les invasions poussent de l'Est à l'Ouest, depuis des siècles et des siècles. Quoi d'étonnant
que l'homme de ces rochers, de ces landes, de
cet Océan ait peu à peu diminué en lui l'existence extérieure pour ramasser toutes ses forces
vives autour du problème de sa destinée? Et

une fleur de songe a grandi, mystérieuse comme
cet Océan, triste comme ces landes, solitaire
comme ces rochers. En parcourant les livres de
M. Renan, vous rencontrerez plus d'un pétale
de cette fleur, pris entre les feuillets et parfu-
mant de sa fine senteur les dissertations de
l'exégèse ou les arguments de la métaphysique...

L'imagination d'un écrivain se manifeste
plus particulièrement par son style. A examiner de près celui de M. Renan, et par le menu,
une preuve nouvelle se surajoute à l'induction
que l'effet d'ensemble nous avait suggérée. Ce
style est d'une qualité unique aujourd'hui, et,
je crois bien aussi, dans toute l'histoire de notre
littérature. Un mot significatif fut prononcé à
son endroit par un des plus savants disciples
de Flaubert, un jour que nous discutions ensemble sur la rhétorique de la prose contemporaine. Nous avions démonté la phrase de tous
les manieurs du verbe qui ont quelque crédit
dans l'opinion des lettrés; nous vînmes à prononcer le nom de M. Renan. « Ah! la phrase
de celui-là, s'écria-t-il découragé, on ne voit
pas comment c'est fait... » C'était la traduction, en langue vulgaire, de l'étonnement que

procure cette langue, délicate jusqu'à la svel-
tesse et presque immatérielle de spiritualité,
aux regards des lecteurs de nos stylistes pittoresques. Presque jamais les métaphores ne se
précisent et jamais l'écrivain n'essaye de rivaliser de « rendu » avec la peinture ou la sculpture. S'il dessine un paysage, c'est d'un trait
mince et qui dégage un caractère moral dont les
couleurs et les lignes sont le transparent symbole. La période, un peu lente, mais souple,
est adaptée au rythme de la parole intérieure
qui sort du fond d'une conscience ramenée sur
elle-même et se racontant son rêve. Les formules d'atténuation abondent, attestant un
souci méticuleux de la nuance. L'harmonie
semble ne pas résider dans les rencontres des
syllabes, mais venir d'au delà, comme si la
matérialité des sons servait à transposer quelque mélodie idéale, plutôt pressentie qu'entendue. Il n'y a pas plus de préceptes pour
écrire ainsi qu'il n'y a de préceptes pour avoir
de l'âme, — au vieux sens, un peu naïf, mais
si juste, de cette expression. « Jamais on n'a
savouré aussi longuement ces voluptés de la
conscience, ces réminiscences poétiques, où se
croisent à la fois toutes les sensations de la vie,

si vagues, si profondes, si pénétrantes, que,
pour peu qu'elles vinssent à se prolonger, on
en mourrait, sans qu'on pût dire si c'est d'amertume ou de douceur...» Qui parle ainsi ? M. Renan. Et de qui donc? Des poètes de sa race,
et, sans le vouloir, de sa prose à lui, de cette
prose qui emprunte le secret de son sortilège
à un pouvoir de vision morale, incomparable
et porté à son excès par un atavisme inexpli-
qué.

Cette imagination de la vie morale se révèle
encore, non pas davantage, — car le style est
le révélateur le plus complet qui soit des facultés maîtresses d'un écrivain, — mais d'une
façon plus consciente, dans les jugements que
M. Renan porte sur les hommes ; et c'est ici
qu'il y aurait lieu de constater la loi secrète qui
rattache le genre de talent d'un historien à l'essence même de sa sensibilité. Si M. Renan se
représente un personnage de l'histoire ancienne
ou moderne, il aperçoit par delà les documents
écrits ou recueillis sur place les états de la sensibilité morale de ce personnage. Par un effort,
il verra un trait physique : l'émeraude verte
encadrée dans l'orbite de Néron, les boucles
étagées de sa chevelure, et tout de suite il écar-

tera ce détail extérieur pour saisir le défaut
moral dont ce détail est le signe tangible. Ce
sera, pour l'empereur romain, la curiosité du
mauvais artiste, l'affectation du cabotin pour-
pré. A l'endroit des contemporains, M. Renan
procède pareillement par interrogations sur la
valeur de leur vie morale. Tout lui est matière
à cette analyse : une chanson de Béranger
comme un ouvrage de M. Guizot, et il lui a
fallu un séjour prolongé à Paris pour comprendre qu'on pût se désintéresser des problèmes de la vie sérieuse. Il ne définirait certes
plus maintenant la gaieté comme il faisait autrefois : « Un singulier oubli de la destinée humaine et de ses conditions. » Mais j'imagine
que maintenant encore il ne l'admet qu'à titre
d'ironie trop justifiée quand le contraste entre
nos besoins idéaux et la trivialité du monde
nous accable. S'il veut donner un conseil pour
le relèvement du pays, ce conseil porte sur la
nécessité de réformer la vie « intellectuelle et
morale de la France. » S'il juge la Révolution,
il examine ce qu'elle a créé ou détruit dans le
domaine de la moralité. Tout au long de son
œuvre, articles de journaux ou longs récits
d'histoire religieuse, ce même esprit circule, at-

testant une constance de préoccupation qui gagne le lecteur. L'idéalisme, chez M. Renan,
n'est pas le résultat d'un raisonnement, c'en
est le principe. Ce n'est pas un effet, c'est une
cause. Le drame de l'univers est à ses yeux
l'épopée, tour à tour triomphante ou désespé-
rée, de la Science et de la Vertu. Se propose-
t-il de faire connaître quelque confrère qu'il a
aimé, un Eugène Burnouf ou un Étienne Qua-
tremère, ce n'est pas même la portée scientifique de sa méthode qui lui semble importante,
mais bien son caractère personnel. Ces cher-
cheurs se disaient dans la solitude de leur
conscience une parole de sincérité où se résu-
mait leur sens profond de la destinée. Cette
parole une fois entendue, vous aurez le secret
de leur énergie ou de leur faiblesse. M. Renan,
lui, sait l'écouter et la noter avec une fidélité
surprenante, dans laquelle le don de l'imagination héréditaire apparaît de nouveau comme
il est apparu dans le style délicat de ses divers ouvrages, dans la teinte doucement nuan-
cée de leur ensemble, dans le choix tout élevé
de leurs sujets. Et je ne crois pas m'aventurer
beaucoup en disant que si M. Renan fût demeuré dans sa petite ville de Tréguier, et s'il

eût écrit en langue bretonne, tout naturellement il eût composé des bardits dans la tradition de ces poètes celtiques dont il a dit que
personne ne les égala « pour les sons pénétrants qui vont au cœur. »

La destinée en décida autrement. M. Renan
vint à Paris. Dans quelles circonstances ? Ses
Souvenirs l'ont raconté avec une précision de
détails qui fournira la plus riche matière à ses
biographes. Il connut la pensée allemande
C'est la seconde influence et qui décida de l'entier développement du germe primitif. Qu'on
se représente, pour mesurer la portée de cette
influence, la grandeur intellectuelle de cette
Allemagne d'avant l'hégémonie prussienne, et
comme elle étageait sur l'horizon des forêts d'i-
dées, plus fatidiques et plus épaisses que les
masses du Harz ou de la Thuringe. En regard
de la mesquine philosophie de la France d'a-
lors, foisonnaient les systèmes issus du Kan-
tisme, tous gigantesques et rappelant par
l'audace de leur interprétation de l'univers les
magnificences des hypothèses de l'antique Io-
nie. Chez nous, pauvrement et chétivement, le
catholicisme luttait pour la vie dans la presse
et à la tribune. Au delà du Rhin, l'exégèse

multipliait les points de vue, renouvelait l'interprétation de l'Écriture, et c'était un rajeunis-
sement des disputes théologiques à faire se
relever de leurs tombeaux les illustres docteurs
du moyen âge, le Séraphique et l'Invincible,
l'Angélique et l'Illuminé. Les Hautes Études
agonisaient parmi nous, et nos Facultés ne re-
crutaient leurs auditeurs qu'à la condition d'é-
nerver leur enseignement jusqu'à en faire une
distraction utile à l'usage des gens du monde.
En Allemagne, les Universités rivalisaient de
zèle pour hausser le niveau de leur initiation
supérieure. Les savants entassaient mémoires
sur mémoires. Le débordement de leurs inventions étonnait l'Europe. S'il est une vérité
bonne à méditer, c'est que nous avons préludé
à nos désastres de 1870 par l'infériorité de notre
effort intellectuel. Il était nécessaire qu'un esprit, assoiffé d'idées comme a dû l'être celui de
M. Renan aux environs de ses vingt-cinq ans,
fût enivré par la liqueur que l'Allemagne d'a-
lors lui offrait à pleine coupe. Si cette Allemagne avait des défauts, le jeune homme ne pouvait pas les voir. Il pardonnait au pédantisme,
oarce qu'il y trouvait une preuve de plus de la
conscience des recherches, comme il pardon-

nait à l'excès du symbolisme parce qu'il y
trouvait une preuve de la puissance Idéaliste.
Il se mit donc à repenser pour son propre
compte quelques-unes des doctrines essentielles
d'au delà du Rhin.

Presque toutes ces doctrines, ainsi que l'a
montré M. Taine dans son étude sur Carlyle,
sont des applications diverses d'un seul principe : l'unité absolue de l'Univers. C'est le thème
des panthéistes grecs et de Spinoza, mais ra-
jeuni et comme vivifié par la notion du « devoir.» Tout phénomène fait partie d'un groupe :
donc, pour comprendre ce phénomène, c'est ce
groupe qu'il faut reconstruire par la pensée. Le
groupe lui-même se rattache à un autre groupe,
lequel se rattache à un troisième et indéfiniment, en sorte que rien n'est isolé dans l'univers, et que nous devons concevoir la nature
comme constituée par un étagement indéfini
des phénomènes. Mais incessamment aussi ces
phénomènes s'écroulent, et incessamment une
inexplicable force située au cœur du monde les
renouvelle, qui manifeste sa puissance par un
éternel développement de ces phénomènes caducs. J'ai parlé des applications diverses de ce
principe ; elles ont été innombrables. La plus

inattendue est celle qui a conduit les théolo-
giens à considérer les religions comme des
phénomènes analogues aux autres, quoique
d'un ordre spécial, et déterminés dans leur apparition, leur efflorescence et leur décadence,
par des conditions très précises de germe et de
milieu. Et comme la philologie s'est jointe à ce
concept philosophique pour le vérifier avec une
rigueur spécieuse, toute une nouvelle critique est
née dont l'œuvre s'accomplit encore devant
nos yeux. M. Renan est un des Maîtres de cette
critique et il a été un des adeptes de cette philosophie; seulement, la vigueur de l'instinct
primitif était trop forte. Il n'a rien perdu à
cette éducation germanique de ce que sa sensibilité de Celte enveloppait de délicatement
tendre. Un talent est un créature vivante.
Peut-être sa naissance suppose-t-elle un élément mâle et un élément femelle. L'imagination celtique serait, dans ce cas-là, le principe
féminin qui, fécondé par le génie allemand, a
donné naissance au talent de l'auteur de la *Vie
de Jésus*. Mais, comme toujours, c'est du côté
maternel que sa grâce est venue à l'enfant!

Une rencontre d'éléments si contraires ne
s'accomplit point sans que des complications

psychologiques en résultent. J'en distingue ici
trois principales. Parce qu'il s'est trouvé de
bonne heure jeté dans les chemins d'une critique infiniment multiple et que, d'autre part,
il a tout goûté de ce qu'il a compris, M. Renan
est devenu un dilettante. Parce que les
premières extases chrétiennes avaient eu pour
lui trop de douceur, il est demeuré religieux à
travers les négations de son exégèse. Parce
qu'au sentiment inné de la pureté de sa race
s'est ajouté le sentiment d'une supériorité indiscutable de vie intellectuelle, il est devenu
ce que, faute d'un meilleur mot, j'appellerai :
aristocrate, me réservant d'expliquer plus
exactement ce terme sans nuances. Ce ne sont
point là des états très exceptionnels, et les
circonstances qui les ont produits ont des analogues autour de nous. Il y a donc intérêt
général à étudier d'une façon plus approfondie
ces trois formes de la pensée de M. Renan.

IJ

DU DILETTANTISME

Il est plus aisé d'entendre le sens du mot
dilettantisme que de le définir avec précision. C'est beaucoup moins une doctrine
qu'une disposition de l'esprit, très intelligente
à la fois et très voluptueuse, qui nous incline
tour à tour vers les formes diverses de la vie et
nous conduit à nous prêter à toutes ces formes
sans nous donner à aucune. Il est certain que
les manières de goûter le bonheur sont très
variées, — suivant les époques, les climats, les
âges, les tempéraments, suivant les jours
même et suivant les heures ! D'ordinaire, un
homme parvenu à la pleine possession de lui-
même a fait son choix, et, comme il est logique,
désapprouve le choix des autres ou du moins
le comprend à peine. Il est difficile, en effet,
de sortir de soi et de se représenter une façon
d'exister très différente ; plus difficile encore de
dépasser cette représentation et de revêtir soi-
même, si l'on peut dire, cette façon d'exister,

ne fût-ce que durant quelques minutes. La sympathie n'y suffirait pas, il y faut un scepticisme raffiné avec un art de transformer ce scepticisme en instrument de jouissance. Le dilettantisme devient alors une science délicate de la métamorphose intellectuelle et sentimentale. Quelques hommes supérieurs en ont donné d'illustres exemples, mais la souplesse même dont ils ont fait preuve a empreint leur gloire d'un je ne sais quoi de trouble et d'inquiétant. Il semble que l'humanité répugne profondément au dilettantisme tel que nous essayons d'en indiquer ici les changeants avatars, sans doute parce que l'humanité comprend par instinct qu'elle vit de l'affirmation et qu'elle mourrait de l'incertitude. Parmi les dilettantes fameux dont elle a subi ainsi la renommée en la marquant d'une défaveur visible, nous pouvons ranger cet adorable Alcibiade, qui se complut à tenir des rôles si divers, et ce mystérieux César, qui incarna en lui tant de personnages. Nous imaginons volontiers que le dilettantisme fut pareillement l'état favori des grands analystes de la Renaissance, dont Léonard de Vinci, avec ses aptitudes universelles, la complexité inachevée de son œuvre,

son rêve incertain de la beauté, demeure le
type énigmatique et délicieux. Montaigne aussi,
et son élève Shakespeare, ont pratiqué cet art
singulier d'exploiter leurs incertitudes d'intelligence au profit des caprices de leur imagination. Mais la sève créatrice coule encore à flots
trop chargés d'énergie dans les veines de ces
enfants des siècles d'action. Sur le tard seulement de la vie des races et quand l'extrême
civilisation a peu à peu aboli la faculté de créer,
pour y substituer celle de comprendre, le
dilettantisme révèle toute sa poésie, dont le
plus moderne des anciens, Virgile, a eu comme
un pressentiment, s'il a vraiment laissé tomber
cette parole qu'une tradition nous a transmise :
« On· se lasse de tout, excepté de comprendre... »

Aucun des écrivains de notre époque n'a
connu cette poésie au même degré que M. Renan. Aucun n'a professé, avec une élégance
accomplie de patricien, des idées au-dessus
des préjugés comme en dehors des lois ordi-
naires, et la théorie du détachement sympathique à l'égard des objets de la passion
humaine. La critique s'est lassée à le suivre
dans les inconstances de sa fantaisie mobile et

4

à relever les contradictions où il s'est complu;
car le propre du dilettantisme est de corriger
toute affirmation par d'habiles nuances qui
préparent le passage à quelque affirmation
différente. Certaines phrases de M. Renan sont
devenues célèbres par le scandale qu'elles ont
causé parmi les orthodoxes de tous les partis;
celle, par exemple, où il écrit : « ... Dieu, Pro-
vidence, Immortalité, autant de . bons vieux
mots, un peu lourds peut-être, que la philosophie interprétera dans un sens de plus en plus
raffiné... », celle encore où, parlant de la mort
mystérieuse de l'apôtre saint Paul, il s'écrie :
« Nous aimerions à rêver Paul sceptique,
naufragé, abandonné, trahi par les siens, seul,
atteint du désenchantement de la vieillesse; il
nous plairait que les écailles lui fussent tombées
des yeux une seconde fois, et notre incrédulité
douce aurait sa petite revanche si le plus dog-
matique des hommes était mort triste, désespéré (disons mieux, tranquille), sur quelque
rivage ou quelque route de l'Espagne, en disant, lui aussi : *Ergò erravi...* » Reconnaissez-
vous à ce : « Disons mieux, tranquille », la
sérénité ironique du contemplateur, qui estime
qu'une âme n'est vraiment délivrée de l'uni-

verselle illusion qu'à la condition d'en avoir
suivi tous les méandres? « A notre âge, répond
le Prospero de l'*Eau de Jouvence* à Gotescalc
qui lui parle de moraliser les masses, peut-on
dire de pareils enfantillages? Si nous ne sommes
pas désabusés, quand le serons-nous, mon
cher? Comment n'as-tu pas vu encore la vanité
de tout cela? Tous les trois nous avons mené
une jeunesse sage, car nous avions une œuvre
à faire. En conscience, voyons le peu que cela
rapporte, pouvons-nous conseiller aux autres
qui n'ont pas d'œuvre à faire, les mêmes
maximes de vie?... » Apercevez-vous comment
le dilettante passe subitement d'un pôle à l'autre
de la vie humaine, et vous expliquez-vous que
cette facilité à tout admettre des contradictions
de l'univers l'ait conduit à porter sur Néron,
« ce pauvre jeune homme », ainsi qu'il l'appelle, ce jugement d'une indulgence à demi
railleuse : « Applaudissons. Le drame est
complet. Une seule fois, Nature aux mille
visages, tu as su trouver un acteur digne d'un
pareil rôle... » ? Elle a mille visages, en effet,
cette Nature, et le rêve du dilettante serait
d'avoir une âme à mille facettes pour réfléchir
tous les visages de l'insaisissable Isis. « Il

manquerait quelque chose à la fête de l'univers, écrit M. Renan à l'occasion de l'exquis et dangereux Pétrone, si le monde n'était peuplé que de fanatiques iconoclastes et de lourdauds vertueux. » Étrange Protée, semble-t-il, et cruellement moqueur, qui, après avoir trouvé dans sa volupté d'artiste cette indulgence pour les coupables, rencontre dans sa conscience de philosophe cette séverité pour les martyrs : « Des misérables, honnis de tous les gens comme il faut, sont devenus des saints. Il ne serait pas bon que les démentis de cette sorte fussent fréquents. Le salut de la société veut que ses sentences ne soient pas souvent réformées. »

Ces phrases donc, — et combien d'autres que les nombreux lecteurs de M. Renan rencontrent quasi à chaque page, — ont fait accuser l'écrivain, tantôt de paradoxe et de mystification, tantôt de pyrrhonisme. Les deux premiers de ces griefs ne se soutiennent pas lorsqu'il s'agit d'un travailleur de la taille de M. Renan. Une légère teinte d'ironie est, il est vrai, répandue sur son œuvre et a pu tromper ceux qui ne démêlent pas ce que cette ironie a, comme le dit un des personnages des *Dialogues*, d'es-

sentiellement philosophique. Le pyrrhonisme
n'est pas davantage le cas de M. Renan : il
n'est pas plus négatif dans le ton général.de son
intelligence qu'il n'est sophistique dans le détail de ses raisonnements. L'auteur des *Dialogues* n'est pas un homme qui arrive au doute
par impossibilité d'étreindre une certitude.
C'est bien plutôt qu'il étreint trop de certitudes.
La légitimité de beaucoup de points de vue
contradictoires l'obsède et l'empêche de prendre
cette position de combat qui nous paraît la
seule façon d'affirmer la vérité, à nous, les disciples de l'insuffisant dogmatisme d'autrefois.
Mais c'est précisément ce qui fait du dilettantisme une sorte de dialectique d'un genre nouveau, grâce à laquelle l'intelligence participe à
l'infinie fécondité des choses. L'excès de la production des phénomènes brise nos systèmes
comme des moules trop étroits. Comment ne pas
considérer tous ces systèmes successivement avec
une curiosité à la fois dédaigneuse, — car elle
procède du sentiment de l'impuissance des doctrines, — et sympathique, puisqu'il s'y mêle,
avec l'idée que ces doctrines ont été sincères, la
conviction qu'elles ont été vraies dans de certaines circonstances et pour de certaines têtes ?

4·

Il n'y a pas que la vérité géométrique dans ce
monde, et même c'est une marque à peu près
assurée qu'on se trompe sur les choses de la vie
morale, que d'aboutir à un jugement à propos
d'elles dont le caractère absolu ne réserve pas
sa place à un jugement, sinon tout à fait contraire, au moins différent.

Il est indiscutable qu'une pareille disposition
d'esprit n'est point ce que l'on est convenu
d'appeler naturelle, en ce sens qu'elle a été
jusqu'ici l'apanage d'un petit nombre de personnes d'exception. Il faut se méfier du mirage
de ce mot « *naturel* », lorsqu'il s'agit des nuances
de la sensibilité. Outre qu'il sert de masque, le
plus souvent, aux inintelligences des ignorants
ou aux hostilités des gens vulgaires, il a le malheur de ne pas envelopper de signification précise au regard du philosophe. Il est impossible,
en effet, de concevoir un phénomène qui ne
soit déterminé par des conditions attenantes à
l'ensemble de l'univers, — partant naturel.
Traduisons donc le terme par deux des idées
qu'il représente, et disons que le dilettantisme
est une disposition d'esprit assurément rare et
peut-être dangereuse ; mais n'en est-il pas des
dangers sociaux comme de la fièvre qui con-

sume le sang d'un malade? Avant d'être une
cause, cette fièvre est un effet. Elle manifeste
de certaines modifications organiques qui l'ont
produite, avant de déterminer d'autres modifications, qui détruiront ou conserveront l'équilibre de la vie générale. Pareillement le dilettantisme est un produit nécessaire de notre société contemporaine. Avant d'agir sur elle, il
résulte d'elle. Ce n'est pas en situant sa pensée hors de notre milieu que M. Renan, pour
continuer à le prendre comme exemple, s'est
avancé si loin dans la voie où d'autres le suivent et le suivront. Il est aisé d'apercevoir
quelles conditions très générales ont amené
cet effet très particulier. Une des lois de notre
époque n'est-elle pas le mélange des idées, et
le conflit dans nos cerveaux, à tous, des rêves
de l'univers élaborés par les diverses races?
Qu'a fait d'autre M. Renan que de servir de
théâtre à un de ces mélanges et de raconter en
toute sincérité l'issue particulière d'un de ces
conflits? Doué par l'hérédité native d'un sentiment profond de la vie religieuse et morale, il
s'est engagé, à la suite des savants maîtres de
l'exégèse, dans l'étude des diverses solutions
données par l'humanité aux problèmes de la

recherche religieuse et de l'inquiétude morale.
Il a pu ainsi agenouiller son imagination devant tous les autels, respirer l'arome de tous
les encens, répéter les prières de toutes les
liturgies, et participer à la ferveur de tous
les cultes. La sensibilité de ses ancêtres l'a
suivi à travers ce pèlerinage et lui a permis de
dégager l'esprit des dogmes par dessous la lettre
des formules, mieux encore, d'en goûter la
douceur consolatrice. Il s'est relevé de cette
communion universelle, persuadé qu'une âme
de vérité se dissimule sous les symboles parfois trop grossiers, parfois trop subtils, et qu'à
décréter la dictature d'un de ces symboles on
méconnaît l'âme respectable de tous les autres.
En même temps qu'il pénétrait ainsi le sens
mystérieux des théologies les plus opposées, il
étudiait cinq ou six littératures, autant de philo-
sophies, toutes sortes de mœurs et de coutumes;
car la critique de nos jours, qui conclut à la
dépendance des manifestations d'une époque,
nous oblige à les connaître toutes pour nous en
expliquer une seule. Une telle éducation de
l'intelligence justifie-t-elle suffisamment le dilettantisme auquel M. Renan s'est trouvé conduit? Allons plus loin et osons dire que ce di-

lettantisme est au plus grand honneur de l'écrivain, car il atteste la permanence en lui d'une
sensibilité que la multitude des contemplations
n'a pu lasser et qui continue à vibrer d'accord
avec toutes les belles et nobles âmes, en même
temps qu'il révèle un trésor de sincérité. N'en
faut-il pas beaucoup, en effet, pour affronter
du même coup les anathèmes des croyants,
qui reprochent au dilettante de ne pas prendre
parti en leur faveur, et les affronts des incrédules, — ces croyants à rebours, — qui ne lui
pardonnent pas son indulgence, ou mieux sa
piété, pour les chimères des superstitions ?...

M. Renan est la frappante preuve qu'en portant à leur plus haut degré ses sentiments les
plus intimes, on devient le chef de file d'un
grand nombre d'autres hommes. Pour acqué-
rir une valeur typique, il faut être le plus individuel qu'il est possible. M. Renan a constaté
son dilettantisme, et il s'y est complu. Par cela
seul, il s'est distingué du reste des érudits.
Homme de livres et de bibliothèque, il est en-
tré du coup au centre même de son époque, et
il en a représenté un des côtés les plus singuliers. Il s'est trouvé que cet historien des événements lointains était aussi l'un des plus vi-

vants d'entre nous et l'un de ceux qui nous passent le plus près du cœur. Au même titre que les
plus dédaigneux du passé et de ses traditions,
ce chercheur de textes est un enfant du siècle.
Alfred de Musset ne représentait pas plus exactement les passions nouvelles de sa génération
que M. Renan ne représente quelques-unes
des plus essentielles de nos façons de penser et
de sentir. Pour mieux saisir comment le dilettantisme dont il a donné un si étonnant exemplaire et formulé une si complète apologie est
en effet dans le sang même de cette époque,
considérez les mœurs et la société, l'ameublement et la conversation. Tout ici n'est-il pas
multiple ? Tout ne vous invite-t-il pas à faire de
votre âme une mosaïque de sensations compliquées ? N'est-ce pas un conseil de dilettantisme
qui semble sortir des moindres recoins d'un de
ces salons modernes où même l'élégance de la
femme à la mode se fait érudite et composite ?... Il est cinq heures. La lumière des
lampes, filtrée à travers les globes bleuâtres
ou rosés, teinte à peine les étoffes qui luisent
doucement. Cette soie brodée qui garnit les
coussins fut jadis la soie d'une étole ; elle assis-
tait aux répons des messes pieuses dans le re-

cueillement des cathédrales, avant qu'un caprice de la vogue n'en vêtit ces témoins muets
des flirtations et des confidences. Cette autre
soie arrive du Japon. Les fils d'or roux y des-
sinent un paysage où éclate la fantaisie étrange
des rêves de l'extrême Orient. Les tableaux
des murs sont des maîtres les plus étrangers
les uns aux autres par la facture et par l'idéal.
Une fine et lumineuse Venise de Fromentin
est toute voisine d'un âpre et dur paysan de
François Millet. Le peintre des fêtes du luxe
parisien, J. de Nittis, a fait papilloter sur cette
toile les couleurs des vestes des jockeys. C'est
une scène de courses qu'il évoque, avec le vent
frais de la pelouse, avec le peuple agité des
bookmakers et des parieurs, avec le joli fris-
sonnement de la lumière d'un printemps de
banlieue sur tous les visages. Une aquarelle de
Gustave Moreau, posée sur un piano, représente la Galatée antique. Si frêle et si jeune, et
abandonnant son corps d'ivoire sur un lit d'al-
gues merveilleuses, la nymphe repose dans la
fraîcheur de sa grotte. Le Polyphème mons-
trueux, arcoudé à l'entrée, contemple avec une
infinie mélancolie la créature de songe, tissée
d'une chair presque immatérielle, quand il est

pétri, lui, de l'épais limon, si menue et suave.
quand il est, lui, le géant des forges souter-
raines. Et l'œil de son front s'ouvre étrangement et les paupières de Galatée s'abaissent
ingénument... — caprice délicieux de l'artiste
de ce temps-ci le plus pareil à Shelley, à
Henri Heine, à Edgard Poë [1] par sa vision
d'une beauté qui fait presque mal, tant elle
vous ravit le cœur ! Un portrait peint par Bon-
nat, dans une manière solide comme la science
et précise comme la réalité, domine cette
aquarelle; et de ci, de là, c'est sous les vitrines,
c'est sur les tables, c'est sur les étagères, une
profusion de bibelots exotiques ou anciens :
laques de Yedo ou bronzes de la Renaissance,
orfèvrerie du XVIIIe siècle ou flambeaux d'un
autre âge. Est-ce que ce salon n'est pas un
musée, et un musée n'est-il pas une école tout
établie pour l'esprit critique ? Cet esprit, d'ailleurs, a formé ce cadre à l'image de la compagnie qui s'y rencontre et qui peut reconnaître
sa complexité personnelle dans la complexité
de son ameublement. Les conversations se

1. Comparez de Shelley la *Plante sensitive*, de Henri
Heine les poèmes de la *Mer du Nord*, d'Edgard Poë l'é-
légie *To Helen, Ligeia, Eleonora.*

croisent, entremêlant les souvenirs des lectures
les plus disparates et des voyages les plus éloi-
gnés. De quinze personnes, il n'en est pas deux
qui aient les mêmes opinions sur la littérature,
sur la politique, sur la religion. Il n'est qu'une
foi commune, celle des usages. Mais si vous
allez au delà, les divergences apparaissent,
permettant aux curieux de se procurer, dans
les huit mètres carrés de ce salon, les sensations de quinze personnalités différentes jusqu'à
en être contradictoires. Autrefois une même
Société, comme on disait, avait un fonds de
conceptions analogues sur les chapitres essentiels de la vie. Comment en serait-il ainsi, aujourd'hui que le flot démocratique a monté,
que trente volte-faces, en politique, en littérature, en religion, de la pensée générale, ont
jeté dans le courant des esprits toutes sortes
de formules de gouvernement, d'esthétique et
de croyance? Joignez à cela le formidable af-
flux des étrangers qui se sont rués sur Paris
comme en un caravansérail où la sensation
d'exister revêt mille formes piquantes et variées. Cette ville est le microcosme de notre
civilisation. Elle a elle-même sa réduction dans
cet hôtel Drouot, où tout le bric-à-brac du com·

5

fort et de l'art vient s'entasser. Dites maintenant s'il est possible de se conserver une unité
de sentiments dans cette atmosphère surchar-
gée d'électricités contraires, où les renseignements multiples et circonstanciés voltigent
comme une population d'invisibles atomes.
Respirer à Paris, c'est boire ces atomes, c'est
devenir critique, c'est faire son éducation de
dilettante.

Certes beaucoup résistent, mais qui doivent
se hausser par réaction jusqu'au fanatisme.
C'est ainsi que nulle part vous ne rencontrerez
plus qu'à Paris de ces esprits tyranniques et
que possède, suivant la forte définition d'un es-
sayiste, « l'horrible manie de la certitude. » On
est obligé d'affirmer trop pour affirmer quelque
chose. La bonne foi y perd, et la bonne foi est
après tout le seul lien absolument nécessaire
du pacte social. Combien est préférable l'héroïsme d'un Renan qui se résigne à subir les
conséquences de sa pensée, et se reconnais-
sant incapable de résoudre par une seule formule le grand problème de la destinée, proclame la légitimité des solutions diverses! Les
docteurs en santé sociale objectent que cette
absence de parti pris aboutit à une anémie de

la conscience morale d'un pays. Tout se solde
ici-bas, et il est probable que le dilettantisme,
comme les diverses supériorités, ne saurait
éviter le paiement de sa rançon. Cette rançon,
certes, serait terrible si à l'incapacité d'affirmer
correspondait l'incapacité de vouloir. La psychologie tend à démontrer, en effet, que la volition n'est qu'un cas de l'intelligence, et dans
cette occasion comme dans beaucoup d'autres,
le langage avait devancé la science en atta-
chant un certain discrédit de moralité au terme
de « sceptique. » Il faudrait donc admettre que
l'extrême intelligence répugne aux conditions
imposées à l'action, et ainsi se trouverait véri-
fiée la thèse des pessimistes allemands, qui
nous montrent la conscience comme le terme
suprême et destructif où s'achemine l'évolution de la vie. Trompés par le malin génie de
la nature, nous nous efforçons vers la mort en
croyant nous efforcer vers le progrès. Mais
quand bien même cette mélancolique hypothèse serait exacte, ne serait-il pas enfantin de
souhaiter un arrêt de l'inévitable évolution ?
Le mieux est de nous soumettre à l'esprit, bon
ou mauvais, de l'Univers, et, si nous devons
trouver le vide au fond de cette coupe de la ci-

vilisation à laquelle tous les siècles ont bu, de
répéter avec le Prospero de M. Renan : « C'est
l'essence d'une coupe d'être épuisable... »

III

DU SENTIMENT RELIGIEUX CHEZ M. RENAN

Dilettante, comme je viens de le décrire, par
éducation, par milieu et par théorie, il était à
craindre que M. Renan ne brisât sa belle intelligence contre l'écueil ordinaire du dilettantisme, qui est la frivolité. Qu'il ait aperçu cet
écueil et que par un jeu de logique il en ait ressenti la nostalgie périlleuse, cela est visible à
des phrases singulières où le savant philologue
professe une admiration à demi jalouse pour
ceux qui ont pris le monde comme un rêve
amusé d'une heure. « L'élégance de la vie a sa
maîtrise, » dit-il à propos de ce même Pétrone, et à propos des Gavroches du Paris
faubourien : « Je l'avoue, je me sens humilié
qu'il m'ait fallu cinq ou six ans de recherches
ardentes, l'hébreu, les langues sémitiques, Ge-
sénius, Ewald et la critique allemande, pour

arriver juste au résultat que ces petits drôles
atteignent tout d'abord et comme du premier bond. » L'auteur de la *Vie de Jésus* a
toutefois été préservé de ce que le dilettantisme exagéré introduit dans l'esprit de légè-.
reté superficielle, par la permanence en lui
non seulement de la sensibilité, mais encore
de l'idée religieuse. L'opinion, en France, a pu
être égarée par les tempêtueuses discussions
qu'a soulevées la *Vie de Jésus*, et croire que
l'écrivain continuait le travail destructeur des
philosophes du xviiie siècle. Aujourd'hui, elle
revient sur cette erreur qui prouve seulement
une inexpérience critique et un trop faible
souci de la nuance. Des nations étrangères ont
vu plus finement la véritable disposition d'âme
de M. Renan. Lorsque les Anglais l'invitèrent
à donner des conférences sur quelques points
de l'histoire du christianisme, le soi-disant révolté leur apparut sous son vrai jour de penseur, profondément, intimement religieux.
C'est bien aussi d'une extrémité à l'autre de
son œuvre une préoccupation constante de
l'au-delà mystérieux de toute existence, avec
une effusion ininterrompue du cœur. Il y a
dans les pages qu'il a consacrées au martyr du

Golgotha quelque chose de la ferveur des
femmes qui ont lavé le corps du Sauveur pour
le mettre au tombeau, et de certaines phrases
semblent auréoler d'un nimbe parfumé les cheveux roux, le visage exsangue, la beauté mor-
telle du Crucifié. Y eut-il jamais un Père de
l'Église capable de célébrer avec une éloquence
plus attendrie « l'abnégation, le dévouement,
le sacrifice du réel à l'idéal, essence de toute
religion... » Avec quelle hauteur de dédain il
malmène les rationalistes de l'ancienne école,
pour qui cette religion sublime n'est « qu'une
simple erreur de l'humanité, comme l'astrolo-
gie, la sorcellerie!... » Et avec quelle plénitude de conviction il proclame que « l'homme
est le plus religieux dans ses meilleurs moments. C'est quand il est bon qu'il veut que la
vertu corresponde à un ordre éternel, c'est
quand il contemple les choses d'une manière
désintéressée qu'il trouve la mort révoltante et
absurde. *Comment ne pas supposer que c'est
dans ces moments-là que l'homme voit le
mieux?...* » Et ailleurs : « Disons donc hardiment que la religion est un produit de
l'homme normal, que *l'homme est le plus
dans le vrai quand il est le plus religieux et le*

plus assuré d'une destinée infinie... » Que nous
voilà loin des négations inintelligentes dont
Stendhal lui-même se faisait l'écho quand il
affirmait qu'aucun dévot n'est sincère, et du
désespoir devant le catholicisme quitté, dont
Théodore Jouffroy raconte les affres dans son
tableau pathétique de sa Nuit de décembre!

Ni haineux, ni désespéré, mais respectueux
et calme, tel nous apparaît M. Renan dans ses
rapports avec la religion, quoiqu'il ait rompu
tout pacte avec la foi dans laquelle il a grandi,
et qui demeure celle d'une grande partie de ses
concitoyens. Il y a là un problème psychologique d'un intérêt singulier pour tous ceux
que préoccupe l'évolution de la pensée religieuse à notre époque, d'autant que cette sérénité respectueuse de M. Renan à l'égard du
culte délaissé semble devenir, d'une exception
qu'elle fut trop longtemps, la règle nouvelle
des esprits vraiment libres. Je crois apercevoir
la raison de cette sérénité dans la manière dont
s'accomplit de plus en plus le divorce irréparable avec le dogme héréditaire. Les conditions
de ce divorce fournissent presque toujours la
clef des sentiments que le croyant désabusé
professe à l'endroit du dogme qu'il a déserté.

Quelquefois la rupture se fait sous l'influence des passions de la virilité commençante, et l'homme en se détachant de la foi se détache surtout d'une chaîne insupportable à ses plaisirs. L'incrédulité revêt alors une sorte de caractère trouble et, pour tout dire d'un seul mot, sensuel. Des nostalgies étranges ramènent sans cesse le sceptique par libertinage vers la foi première qu'il identifie avec sa candeur d'autrefois; ou bien la honte des désordres de ses sens le précipite à des haines furieuses contre la religion qu'il a trahie pour les motifs les plus mesquins. Je n'étonnerai aucun de ceux qui ont traversé les études de nos lycées, en affirmant que la précoce impiété des libres penseurs en tunique a pour point de départ quelque faiblesse de la chair accompagnée d'une horreur de l'aveu au confessionnal. Le raisonnement arrive ensuite, qui fournit des preuves à l'appui d'une thèse de négation acceptée d'abord pour les commodités de la pratique. Cette irréligion nostalgique ou haineuse a fait la matière de toute une littérature, depuis tantôt cent cinquante ans que la campagne contre l'Église a commencé de se mener ouvertement. Les premières pages de *Rolla* sont

l'expression la plus touchante qui en ait été
donnée. Cette irréligion est aussi celle qui
aboutit à un si grand nombre de conversions
sur le retour. Elle n'était point l'affranchissement de la raison. Elle était celui de la chair
et du sang. Aussi, lorsque cette chair s'endo·
lorit avec l'âge, lorsque la fièvre de ce sang
ne brûle plus les artères battantes, les traces
de la croyance effacée doivent reparaître et re-
paraissent. Le révolutionnaire se réveille aussi
dévot qu'aux heures d'enfance, et le désespéré
aussi plein du songe bleu d'un paradis. Il a
suffi pour cela d'un prêtre assez bon connais-
seur en nature humaine pour reprendre l'entre-
tien spirituel avec le farouche incrédule préci-
cisément au point où les déchaînements de la
puberté l'avaient interrompu.

Il est une seconde manière, beaucoup plus
élevée celle-ci et plus philosophique, de briser
le lien de la foi traditionnelle. Théodore Jouffroy en a présenté un exemple presque illustre.
Celui-là aimait de la religion justement ce que
les athées par libertinage en détestent : sa règle
austère et son enseignement vertueux. Mais sa
raison se dressait là contre. Il apercevait l'évidente contradiction qui existe entre les exi-

gences de la logique et les postulats du dogme.
Beaucoup d'autres ont aperçu cette contradiction comme lui, et, comme lui, ont sacrifié les
dogmes à la logique. Quelques-uns ont rencontré la tranquillité du cœur dans ce sacrifice.
Cela n'est guère à l'éloge de leur sensibilité.
J'oserai même affirmer qu'ils n'ont pas fait
preuve d'une grande rigueur d'intelligence.
Les incrédules par raisonnement logique n'a-
boutissent pas, en effet, à une solution qui
puisse répandre sur tout l'esprit la pleine lumière d'évidence, signe indiscutable de la vérité scientifique. Lorsque Jouffroy se fut démontré que le péché originel reste une injustice
impossible à concilier avec la bonté d'un Dieu
créateur; que l'hypothèse de ce Dieu revêtant
la nature d'un homme semble aussi étrange que
l'hypothèse d'un cercle revêtant la nature d'un
carré; que les miracles offrent une dérogation
aux lois de la nature contradictoire avec la
perfection du Dieu législateur; en un mot, quand
il **eut** ramassé en un corps d'arguments tout ce
que la philosophie du XVIIIᵉ siècle a jeté dans le
public d'objections logiques contre la vérité du
christianisme, rencontra-t-il la certitude dont
son intelligence avait besoin, comme nos pou-

mons ont besoin d'oxygène? **Assurément** non.
Il se démontrait qu'il ne devait pas croire;
il ne se démontrait pas comment et pourquoi
d'autres avaient cru; il demeurait sans arguments contre ce fait indiscutable et colossal
d'une religion maîtresse du monde depuis dix-
huit cents ans, ayant imposé ses dogmes aux
plus grands esprits, apportant une solution
complète à beaucoup de problèmes de la vie
morale, et par-dessus tout, bénéficiant de
toutes les incertitudes de la pensée raison-
neuse. Un philosophe sincère avoue son impuissance à répondre autrement que par des
hypothèses aux questions d'origine et de fina-
lité. La religion est une hypothèse entre vingt
autres. Elle a suffi à un Pascal et à un Male-
branche. C'en est assez pour que l'incrédule
par raisonnement logique tourne les yeux vers
elle dans les minutes d'angoissante recherche,
et cela suffit pour expliquer que Théodore Jouffroy et ceux qui lui ressemblent aient donné le
spectacle d'intelligences déchirées entre les négations de leur raison, les besoins moraux de
leur cœur et des doutes affreux sur le dogme
nié. C'était la paix cependant, ce dogme, et la
communion avec les grands génies qui ont

cru!... S'ils ne s'étaient pas trompés, cependant ?

M. Renan a écrit dans ses *Souvenirs* l'histoire de sa rupture avec la foi de son enfance
et de sa jeunesse. Même avant cette publication la lecture de ses ouvrages nous autori-
sait à considérer que l'étude des sciences naturelles, dont il fut toujours un adepte très re-
connaissant, et l'étude des sources historiques
de la tradition religieuse, furent les deux fac-
teurs de cette rupture définitive. Il faut évidemment attribuer au caractère de ces deux
études la sérénité de sa conscience intellectuelle
à l'endroit du problème religieux. Les sciences
naturelles, en effet, communiquent à l'esprit
qui les pratique la certitude, aussi absolue
qu'une certitude humaine peut l'être, qu'il n'y
a pas de trace dans la nature d'une volonté
particulière. Les sciences historiques, appli-
quées aux sources de la tradition religieuse,
rangent cette tradition au nombre des phénomènes de la nature, en démontrant que les
lois communes du développement de la civilisation gouvernent la naissance, l'épanouis-
sement et la caducité de ces grandes et larges
formes de la conscience sociale qu'on ap-

pelle des religions. Ç'a été le résultat considérable des travaux de l'exégèse allemande
que de déplacer ainsi le terrain de la discussion
théologique. La religion apporte avec elle des
livres qui sont ses titres de tradition. L'exégèse
en examine le texte pour retrouver, au moyen
de ce texte même, l'ensemble et le détail des
causes qui ont amené l'élaboration de ces livres
et de la tradition qu'ils représentent. Spinoza
donna le premier, dans son traité *théologico-
politique*, le modèle de cette nouvelle façon de
discuter les dogmes. Sans nous occuper ici du
degré de perfectionnement auquel ce procédé
est parvenu, et en réservant entièrement la
question de la vérité ou de l'erreur religieuse,
qui n'est pas du domaine de l'analyste sans
métaphysique, on peut marquer déjà la différence qui sépare l'incrédulité obtenue par
cette méthode et l'incrédulité obtenue par raisonnement logique. La méthode historique
nous fait toucher au doigt les motifs pour lesquels ceux qui ont cru, non seulement sont
excusables d'avoir cru, mais furent comme
obligés à la croyance. Aucune réfutation d'une
erreur n'entraîne avec elle l'évidence parfaite,
si elle ne se double d'une explication lucide de

la genèse de cette erreur. L'exemple, bien souvent cité par la psychologie élémentaire, du
bâton plongé dans l'eau et qui paraît brisé,
peut être présenté comme le type de la forte
argumentation dirigée par les historiens contre
la religion. Le milieu liquide et la rectitude du
bâton une fois donnés, le bâton doit paraître
brisé, précisément parce qu'il est droit. Pareillement, tel milieu social étant donné et donnés
tels ou tels esprits, tels ou tels dogmes ont dû
s'établir. Les illusions de l'optique morale sont
soumises aux mêmes lois que les illusions de
l'optique physique. Que M. Renan ait été cor-
rect ou non dans le maniement de cette méthode,
la question pour nous n'est point là. Il est certain qu'il l'a pratiquée de bonne foi et il lui a dû
la placidité dans le détachement du dogme
primitif qui fut toujours refusée aux incrédules de la passion, et souvent aux incrédules
de la logique. Les premiers manquaient de
respect envers leur âme, les seconds manquaient de sympathie envers les grands mouvements moraux de l'humanité. L'histoire
seule concilie ce que nous devons de franchise
à notre propre pensée et ce que nous devons de
déférence aux sincérités de nos semblables.

Si la méthode commande le degré de la certitude, elle ne commande pas le degré de la déférence, et nous avons dit que chez M. Renan cette déférence aboutit à une véritable piété. Peut-être la formule que nous avons donnée de son talent suffit-elle à rendre compte de la survivance chez lui, à travers les labeurs de la critique, d'une fraîcheur singulière de sensibilité religieuse. N'a-t-il pas tout simplement interprété avec son imagination de la vie morale une des idées Allemandes les plus opposées à notre génie Français? Je veux parler de cette conception du « devenir » pour laquelle nous n'avons même pas de mot national, tant elle nous a été peu familière avant ces tren'e dernières années. Noh seulement la philosophie allemande du xix⁰ siècle considère l'univers comme un étagement d'organismes, mais elle le considère comme un étagement d'organismes en mouvement. Toute forme dépérit et se résout en une ou plusieurs autres, si bien que la complexité de la pensée n'est pas suffisante pour quiconque veut comprendre cet univers en proie à une évolution ininterrompue; il y faut la mobilité. Les idées compliquées et relatives ont plus de chance de repro-

duire la complication et l'écoulement irrepa-
rable des phénomènes que les idées simples et
absolues. C'est, comme on voit, le contraire
de notre esprit classique, lequel procède par
raisonnements géométriques fondés sur des
principes très simplifiés. Un tel esprit, excel-
lent pour la discussion oratoire, sera frappé
de stérilité quand il voudra réduire à ses formules la végétation touffue et changeante de
la vie. Deux grands philosophes de notre
XVIII° siècle ont démontré cette impuissance
en étudiant les choses de la religion et de la politique comme ils eussent fait les propriétés
d'un triangle. Le premier, Voltaire, est arrivé
à cette critique sèche et médiocre, malgré sa
verve, qui ne voit guère dans un prêtre qu'un
fripon, et dans un fidèle qu'une dupe. Le second, Rousseau, a formulé cette théorie du
contrat social dont l'influence désastreuse sur
notre existence nationale commence à éclater
aux yeux des plus prévenus. Ni l'un ni l'autre de
ces deux célèbres agitateurs de consciences n'a
deviné qu'une société comme une religion est
un corps vivant, constitué par un principe intérieur qui rend cette religion et cette société
d'abord légitimes, et en second lieu nécessaires

par cela seul qu'elles existent. Dire d'une religion qu'elle est fausse ou d'une société qu'elle
est mauvaise, est une formule très inintelligente
et très dangereuse. C'est le rôle du psychologue de discerner ce qu'il y a de force positive
et créatrice dans l'une et dans l'autre, et de
diriger, s'il est possible, cette force. La force
positive qui se manifeste par les symboles religieux est un sens du Divin qu'il faut discerner et qui n'est jamais négligeable, car il constitue ce qu'il y a de plus haut dans le cœur de
l'homme. On arrive ainsi à concevoir qu'un
dogme quelconque est vrai en un certain sens
et faux en un autre. Comprendre cette part de
vérité sans cesser de discerner la part d'illusion,
c'est appliquer les procédés hégéliens de la
logique des contradictoires, mais c'est aussi,
suivant la phrase des sages de Rome « *mentem
inserere mundo* », greffer son esprit sur le
monde, comme une branche où vient circuler
un peu de la sève de tout l'arbre.

Ainsi a fait M. Renan. Lisez attentivement
cette page des *Questions contemporaines*, et
l'admirable largeur de sa conception religieuse
vous apparaîtra : « Toute forme religieuse est
imparfaite, et pourtant la religion ne peut exis-

ter sans forme. La religion n'est vraie qu'à sa
quintessence, et pourtant la trop subtiliser,
c'est la détruire. Le philosophe qui, frappé du
préjugé, de l'abus, de l'erreur contenue dans
la forme, croit posséder la réalité en se réfu-
giant dans l'abstraction, substitue à la réalité
quelque chose qui n'a jamais existé. Le sage
est celui qui voit à la fois que tout est image,
préjugé, symbole, et que l'image, le préjugé,
le symbole, sont nécessaires, utiles et vrais.
Le dogmatisme est une présomption, car, enfin, si parmi les meilleurs des hommes qui ont
cru tour à tour posséder la vérité, il n'en est
pas un qui ait eu complètement raison, comment espérer que l'on sera plus heureux ? Mais
de même qu'on ne reproche pas au peintre de
commettre un contresens puéril en représen-
tant Dieu sous des formes finies, de même on
peut admettre et aimer un symbole, dès que ce
symbole a eu sa place dans la conscience de
l'humanité... » Il y a une vérité enveloppée
dans ces symboles, périssables tandis qu'elle
est éternelle ; il y a un Dieu caché, — *Deus
abscondilus,* — qui se révèle tour à tour par les
enseignements de plus en plus raffinés des
dogmes. Quelle en est donc la définition ? Jus-

qu'ici, M. Renan n'avait fait que reproduire la
thèse hégélienne des métamorphoses de l'Idée;
soudain, il se détache de Hegel. Il redevient
le Celte à imagination toute morale, et il définit
cette essence divine, en ces termes qui ont été
souvent cités avec une raillerie qui n'est guère
de mise en pareille matière : « Dieu, dit-il, est
la catégorie de l'idéal, c'est-à-dire la forme
sous laquelle nous concevons l'idéal, en d'autres termes, *l'homme placé devant les choses*
belles, bonnes et vraies, sort de lui-même, et,
suspendu par un charme céleste, anéantit sa
chétive personnalité, s'exalte, s'absorbe.
Qu'est-ce que tout cela, sinon adorer?... »

Cette sympathie généreusement répandue
sur les diverses illusions religieuses qui ont
consolé le labeur de l'humanité, n'est pas le
fait particulier de M. Renan. Elle lui est commune avec les plus grands penseurs de l'époque. On sait de reste que la majorité des Français professe une autre doctrine. Le fanatisme
n'est pas près de s'en aller d'au milieu de
nous. On s'en convaincra en examinant les articles de polémique où s'exprime l'opinion des
dévots du catholicisme ou de l'athéisme, à l'é-

gard de ceux qui ne se rangent point aux affirmations ou aux négations de leur dogme. Car
il est une intolérance des négateurs, passionnée comme l'intolérance des croyants. On peut
se demander si l'avenir appartient aux coreli-
gionnaires de l'auteur de la *Vie de Jésus*, je veux
dire à ceux qui reconnaissent sous tous les
symboles l'aperception, inégale mais légitime,
d'un idéal indéfinissable, ou bien si la maxime
fameuse : « Qui n'est pas pour moi est contre
moi, » continuera de dominer les consciences.
C'est, en d'autres termes, une question de savoir si les dogmes doivent disparaître ou non,
problème insoluble à l'heure présente. Outre
qu'il est téméraire, en effet, d'induire du passé
à l'avenir, puisque deux moments de la civilisation ne sont jamais identiques, est-il un procédé pour mesurer ce que l'âme humaine enveloppe en elle d'idéalisme ? Tout au plus est-
il licite d'indiquer quelques-unes des conditions
fatalement imposées dans l'avenir à tout dogme
ancien ou nouveau. De ces conditions, la plus
importante est assurément la science, qui, de
place en place, gagne l'homme lui-même et
les parties les plus hautes de son intelligence,
pour en démontrer les lois nécessaires. A ce

point de vue, ainsi que nous l'indiquions tout
à l'heure, elle est une ennemie terrible de la
religion, par cela seul qu'elle considère les
dogmes et la foi comme des phénomènes d'ordre naturel, dont l'apparition s'explique aussi
complètement que la structure d'un certain os
dans le squelette d'un animal. Mais d'autre
part la science fixe de jour en jour avec plus de
précision la portée de son propre effort. Elle
ne se contente pas de marquer ce qui est in-
connu à l'intelligence humaine. Elle marque
ce qui lui est inconnaissable. Elle s'avoue incapable de rechercher la substance et la raison
suffisante des phénomènes qu'elle étudie. Le
beau songe, qui fut celui du xviii⁰ siècle, d'une
explication rationnelle de l'univers, s'en est
allé en même temps que le songe non moins
séduisant d'une explication mystique. Condi-
tionner des phénomènes les uns par rapport
aux autres, la science le peut; et elle ne peut
que cela, emprisonnée comme elle est dans l'incapacité de dégager une cause première par
delà l'indéfinie série des phénomènes condi-
tionnés. Ainsi la science rend impossible toute
croyance aux révélations du surnaturel, et du
même coup elle se proclame impuissante à

résoudre les problèmes que la révélation ré-
solvait jadis.

Quelques personnes ont cru remédier à cette
singulière et nouvelle crise dont nous sommes
menacés, en imaginant une humanité débarrassée du souci de l'au-delà et indifférente à ce
qu'on appelle, en termes d'école, l'absolu.
C'est une hypothèse toute gratuite, et qui semble peu d'accord avec la marche générale de la
pensée humaine. Nous sommes en droit de
préjuger tout au contraire que la civilisation,
en s'avançant, affinera de plus en plus la sensibilité nerveuse, et de plus en plus dévelop-
pera cette mélancolie blasée des âmes qu'aucune volupté ne satisfait et qui souhaitent, en
leur insatiable ardeur, de s'étancher à une
source infinie. Il est probable que devant la
banqueroute finale de la connaissance scientifique, beaucoup de ces âmes tomberont dans un
désespoir comparable à celui qui aurait saisi
Pascal s'il eût été privé de la foi. Le grand
trou noir, d'où nous sortons dans la douleur
pour y retomber dans la douleur, s'ouvrira devant elles, à jamais noir et à jamais vide! —
Des révoltes éclateront alors, tragiques et telles
qu'aucune époque n'en aura connu de pa-

reilles. La vie sera trop intolérable avec la certitude que c'en est fini de comprendre et que le
même point d'interrogation est pour toujours
posé sur l'horizon. Il n'y aurait rien d'étonnant
à ce qu'une secte de nihilistes s'organisât en
ces temps-là, possédée d'une rage de destruction dont peuvent seuls avoir l'idée ceux qui
ont connu les affres de l'agonie métaphysique.
Savoir qu'on ne peut pas savoir, connaître
qu'on ne peut pas connaître... ah! l'atroce angoisse et qui, répandue comme une épidémie
parmi des millions d'hommes, deviendrait aisément le principe d'une sorte de croisade à
rebours! En ces temps-là, et si le cauchemar
que je viens d'évoquer se réalisait, d'autres
âmes plus douces et plus inclinées à une interprétation heureuse de la destinée, opposeraient
sans doute au pessimisme révolté un optimisme
tristement apaisé. Si l'énigme de l'univers est
inconnaissable, elle peut être résolue dans un
sens qui soit en harmonie avec l'ensemble de
nos besoins moraux et de nos exigences sentimentales. L'hypothèse consolante a ses chances
d'être vraie au même titre que l'hypothèse dé-
sespérante. Nous avons dès aujourd'hui, en
M. Renan, un exemplaire achevé des disposi-

tions religieuses qui rallieraient les vagues
croyants de cet âge cruel; et qui donc oserait
affirmer que l'acte de foi sans formule auquel
aboutit dès à présent l'optimisme désabusé de
cet historien de notre religion mourante, n'exprime pas l'essence de ce qui doit demeurer
d'immortellement pieux, dans ce magnifique
et misérable temple du cœur humain?

IV

LE RÊVE ARISTOCRATIQUE DE M. RENAN

Les sentiments que j'ai essayé d'analyser
sont, comme on voit, d'un ordre rare et qui
suppose une culture d'exception. Les fleurs
délicates ne grandissent pas sous les coups de
vent et au soleil capricieux de la grand'route.
Seulement dans l'air attiédi des serres, la pulpe
parfumée de leur corolle s'épanouit. La science
est à sa façon une serre chaude, et qui préserve
les esprits de bien des brutalités de la vie réelle.
L'auteur des *Dialogues philosophiques* est donc
un personnage d'exception. Suivant un terme
très fort dans sa simplicité, il est un homme

supérieur, on pourrait presque dire qu'il est
l'Homme Supérieur. Ajoutons qu'il possède au
plus haut degré la conscience de cette supériorité, toujours reconnaissable en lui à un certain
air d'ironie imperceptible et de dédain trans-
cendantal. Dans les innombrables pages qu'il a
écrites, l'insouciance de l'opinion du vulgaire
est infiniment sensible. L'élégance discrète du
style, dont aucune intention n'est soulignée, la
subtilité des raisonnements, dont aucun ne se
développe sur un ton impératif, la spécialité des
sentiments, dont aucun ne s'exagère en vue
d'attirer la sympathie, suffiraient à révéler chez
M. Renan la présence d'un Idéal aristocratique,
alors même que le maître-écrivain n'aurait pas
eu soin de proclamer à mainte reprise qu'il est
un domaine des initiés et qu'il est un domaine
des simples. Son livre de politique sur la *Réforme intellectuelle et morale* contient l'argumentation la plus vigoureuse qui ait été dirigée
depuis cent ans contre le principe même de la
démocratie : l'égalité naturelle. Ses deux drames symboliques, *Caliban* et *l'Eau de Jouvence*
peuvent se résumer dans cette réflexion que le
prieur des Chartreux, assis dans sa stalle, formule tout bas, tandis que l'orgue prie seul et

5

que la foule se presse autour du Caliban cou-
ronné; « Toute civilisation est l'œuvre des
aristocrates... » Vérité que le démagogue
Caliban reconnaît, lui aussi, puisqu'à peine
possesseur du palais et du pouvoir de Prospero,
il adopte les façons d'agir de l'aristocratie; et
M. Renan, toujours soucieux de corriger par
un sourire même ses plus chères affirmations,
a grand soin d'ajouter que le monstre de l'île
devient un prince fort passable. Prospero proclame « que le travail matériel est le serf du
travail spirituel. Tout doit aider celui qui
prie, c'est-à-dire qui pense. Les démocrates
qui n'admettent pas la subordination des individus à l'œuvre générale, trouvent cela mon-
strueux... » Enfin, les *Dialogues philosophiques*, dans leur partie intitulée : *Rêves*,
contiennent un plan complet de l'asservisse-
ment du plus grand nombre par une élite de
penseurs. Ce sont là quelques passages très
caractérisés entre mille autres. Ils suffisent à
montrer que la théorie aristocratique n'est pas
chez M. Renan le paradoxe d'un homme qui
se croit méconnu, ou le dandysme d'un raffiné
d'amour-propre qui aime à déplaire, comme
d'autres aiment à plaire, par coquetterie de

singularité. Non. C'est ici le résultat d'une
réflexion profonde et le signe d'une doctrine /
qui vaut la peine d'être examinée dans quelques-unes de ses causes essentielles.

Une de ces causes, la plus inconsciente sans
doute, mais non pas la moins active, me paraît
être l'orgueil de l'hérédité. M. Renan ne serait
pas un savant de notre époque, s'il ne croyait
pas au dogme de la sélection et à la primauté
des races qui ont su durer. C'est dire qu'il
constate avec une légitime fierté les titres de
cette famille celtique dont il est le fils. Il signale
l'inhabileté de ses congénères à la conquête
de l'argent, il admire leur idéalisme invincible,
leur héroïsme doux, leur antiquité incorrompue.
« Si l'excellence des races devait être appréciée
par la pureté de leur sang et l'inviolabilité de
leur caractère, aucune, il faut l'avouer, ne pourrait le disputer en noblesse aux restes encore
subsistants de la race celtique... », écrivait-il
déjà dans un des plus remarquables articles de
ses *Essais de morale*. Serait-il téméraire de
signaler dans ce sentiment du terroir natal le
germe de l'idéal aristocratique si particulier à
l'auteur des *Dialogues?* Mais ce sentiment
n'aurait pas suffi. D'autres circonstances sont

venues s'y adjoindre, plus déterminantes encore, qui se résument presque toutes dans cette formule d'homme supérieur que j'appliquais à M. Renan, — formule au premier abord très simple, mais qui se décompose à la réflexion en une série de caractères assez complexes. L'homme supérieur se distingue de l'homme de génie, lequel peut être assez inintelligent, et de l'homme de talent, lequel n'est souvent qu'un spécialiste, par la capacité de se former sur toutes choses des idées générales. Si cette capacité de généraliser ne s'accompagne point d'une égale capacité de création, l'homme supérieur reste un critique. Si c'est le contraire, et si le pouvoir créateur subsiste côte à côte avec le pouvoir de tout comprendre, l'homme supérieur devient une créature unique. Il fournit, en effet, le plus admirable type qu'il nous soit donné de concevoir : celui du génie conscient. C'est dans l'ordre politique, César; dans l'ordre de la peinture, Vinci; dans l'ordre des lettres, le grand Gœthe. Même lorsqu'il ne monte point à ces sommets, l'homme supérieur est une des machines les plus précieuses que la société ait à son service. Car l'universelle compréhension a, neuf fois sur dix, pour corollaire, l'univer-

selle aptitude. Cette vérité, trop souvent mé-
connue, n'est-elle pas démontrée par l'exemple
de l'Angleterre, où des conditions favorables
ont plus particulièrement fait apparaître de
nombreux exemplaires de haute culture ? Qu'é-
taient-ils, sinon des hommes supérieurs, ces
grands personnages politiques, capables, comme Macaulay ou Disraeli, d'appliquer aux
compositions littéraires et aux luttes parlemen-
taires, aux intérêts financiers et aux difficultés
diplomatiques, une intelligence toujours préparée ?

Imaginez maintenant que l'homme supérieur se trouve jeté par les hasards de sa naissance en plein courant démocratique, et vous
apercevrez quels contrastes du milieu et du
caractère ont amené M. Renan à la conception
tion d'un Idéal si fort en dehors du rêve général de notre pays. La démocratie semble, au
premier regard, un milieu très favorable au
talent, puisqu'elle ouvre toutes les places à
tous les efforts. Mais par cela même elle exagère la dure loi de la concurrence. Partant elle
commande de plus en plus la spécialisation.
Puis, une démocratie est fondée sur l'égalité.
La conséquence logique de son principe la

conduit à choisir le suffrage universel et direct comme le mode habituel de sa représentation politique. Il ne faut pas une grande vigueur d'analyse pour reconnaître que le suffrage universel est volontiers hostile à l'homme supérieur. Les dispositions d'esprit que la haute culture produit le plus ordinairement sont en effet la multiplicité des points de vue, le goût de la nuance, la défiance à l'égard des formules absolues, la recherche des solutions compliquées, — tous raffinements qui répugnent à l'amour des grands partis pris, forme naturelle de l'opinion populaire. D'une part donc, les mœurs démocratiques ne sont point favorables au développement de l'homme supérieur, et de l'autre les lois ne sont point favorables à son entrée aux affaires publiques. C'est ainsi que beaucoup d'esprits distingués de la France contemporaine se sont trouvés mis en dehors du recrutement gouvernemental, ou, s'ils ont triomphé de l'ostracisme auquel les condamnait leur divorce avec les passions communes, ç'a été précisément en dissimulant ce divorce et en s'emprisonnant dans des professions de foi dépourvues de haute impartialité intellectuelle.

L'homme supérieur, exilé dans ce que Sainte-Beuve appelait « la tour d'ivoire », assiste cependant au drame de la vie nationale en contemplateur qui voit de loin les possibilités futures. Est-il nécessaire de rappeler que tel personnage de cette race d'élite a manifesté, à force d'intelligence des causes, un véritable don de prophétie des effets à venir? Les désastres de 1870 ne se trouvent-ils point, pour ne citer qu'un seul exemple, prédits avec une étonnante exactitude dans la *France nouvelle* de Prévost-Paradol, ce vaincu, comme M. Renan, du suffrage universel? Il se comprend qu'une mélancolie singulière s'empare de ces nobles esprits sur lesquels pèse la conviction de leur puissance idéale et de leur impuissance réelle. Cette mélancolie est redoublée par le spectacle du triomphe insolent des médiocres. Certes, elle n'est pas sans quelque douceur. Il s'y glisse un peu de la volupté vantée par Lucrèce dans les vers fameux sur les temples élevés par la doctrine sereine, et d'où le sage aperçoit la frémissante mêlée des passions. Mais l'homme supérieur de nos jours ne connaîtra jamais dans leur plénitude les jouissances que leur système nerveux permettait aux

anciens. L'intelligence peut beaucoup. Elle
est impuissante à nous guérir de nos facultés
natives. Que nous haïssions la démocratie ou
que nous la vénérions, nous sommes ses fils
et nous avons hérité d'elle un impérieux besoin de combat. Le xixe siècle obscur et révolutionnaire est dans notre sang, et nous interdit cette immobilité intérieure, cette ataraxie
célébrée par les Épicuriens de la Grèce et de
Rome. Il y a du trouble dans nos sérénités,
comme il y a du trouble dans nos soumissions.
Catholiques ou athées, monarchistes ou républicains, tous les enfants de cet âge d'angoisse
ont aux yeux le regard inquiet, au cœur le
frisson, aux mains le tremblement de la grande
bataille de l'époque. Ceux mêmes qui se croient
et qui se veulent détachés participent à l'universelle anxiété. Ils sont des révolutionnaires
comme les autres, mais contre la bêtise humaine, — et cette révolte muette s'appelle le
dédain.

Ce serait une étude curieuse que celle qui
marquerait les diverses formes que ce dédain
a revêtues parmi les lettrés contemporains.
L'exagération des beautés techniques, propre
à l'école des poètes assez ironiquement appelés

Parnassiens, ne procède-t-elle point de ce sentiment de l'*Odi profanum vulgus* ? Le *Bouvard et Pécuchet* de Gustave Flaubert a-t-il
été composé sous une autre inspiration ?
M. Taine aurait-il entrepris son *Histoire des
origines de la France contemporaine*, s'il
n'avait été tourmenté du souci d'y voir clair
dans cette marée démocratique où il se sentait
perdre pied ? Mais aucun écrivain n'a ressenti
plus que M. Renan cette antithèse de l'homme
supérieur et de la démocratie. Il faut lire et relire les pages des *Dialogues* où Théoctiste se
représente la victoire d'une oligarchie de l'avenir, pour mesurer l'intensité de la passion que
l'auteur déploie dans l'examen de ces problèmes. Il imagine que des savants arrivent à
posséder des engins de destruction formidables, aménagés par des calculs d'une délicatesse infinie, et incapables d'être maniés sans
une forte dose de connaissances abstraites. Et
s'exaltant sur le pouvoir dont disposeraient ces
oligarques de la chimie ou de la physique, le
songeur s'écrie : « Les forces de l'humanité
seraient ainsi un jour concentrées dans un
petit nombre de mains et deviendraient la propriété d'une ligue capable de disposer de l'exis-

tence même de la planète et de terroriser le
monde tout entier. Le jour, en effet, où quelques privilégiés de la raison posséderaient le
moyen de détruire la planète, leur souveraineté serait créée ; les privilégiés régneraient
par la terreur absolue, puisqu'ils auraient en
leurs mains l'existence de tous. On peut presque dire qu'ils seraient dieux et qu'alors l'état
théologique rêvé par le poète pour l'humanité
primitive serait une vérité : « *Primus in orbe
Deos fecit timor...* » N'attachons pas à cette
tragique imagination une réalité plus grande
que celle que l'auteur lui-même a prétendu y
mettre. Mais reconnaissons qu'une telle fantaisie décèle un froissement inguérissable de
tout le cœur, et que le savant qui a tracé ce
lugubre tableau d'une terreur universelle infli-
gée par une pile de Volta inouïe ou les explo-
sions d'un mélange extraordinaire, n'a pas au
fond de lui une tendresse profonde pour les
utopies favorites de notre siècle.

Il est possible, en effet, qu'une divergence
éclate entre ces deux grandes forces des sociétés modernes : la démocratie et la science.
Il est certain que la première tend de plus en
plus à niveler, tandis que la seconde tend de

plus en plus à créer des différences. « Savoir,
c'est pouvoir », disait le philosophe de l'induction. Savoir dix fois plus qu'un autre homme,
c'est pouvoir dix fois ce qu'il peut, et comme
la chimère d'une instruction également répar-
tie sur tous les individus est, sans aucun doute,
irréalisable, par suite de l'inégalité des intelligences, l'antinomie se manifestera de plus en
plus entre les tendances de la démocratie et les
résultats sociaux de la science. Il y a plusieurs
solutions à cette antinomie, comme à presque
tous les problèmes compliqués qui sont ceux
de l'avenir des peuples modernes. M. Renan
a indiqué une de ces solutions en formulant
l'hypothèse des *Dialogues*. On en peut supposer une seconde qui serait tout simplement
une application de la science à l'organisation
des sociétés. Quand nous considérons, sans
parti pris d'aucune sorte, les quelques principes qui servent de fondement à notre société
du xix⁰ siècle, nous sommes contraints de reconnaître leur caractère cartésien et déjà très
différent de notre philosophie moderne. Mais
il y a un mouvement secret des intelligences.
Les conceptions des Darwin et des Herbert
Spencer se répandent dans l'atmosphère spi-

rituelle et pénètrent les nouveaux venus.
Ayons confiance dans la vertu de ces doctrines
qui bouleverseront la politique par contre-
coup, comme elles bouleversent les lettres
après avoir bouleversé les sciences naturelles.
Un temps approche où une société n'apparaîtra plus au regard des adeptes de la philosophie de l'évolution comme elle apparaît au regard des derniers héritiers de l'esprit classique.
On y verra non plus la mise en œuvre d'un
contrat logique, mais bien le fonctionnement
d'une fédération d'organismes dont l'individu
est la cellule. Une semblable idée est grosse
d'une morale publique toute différente de celle
qui nous régit à l'heure présente. Elle est ex-
clusive de toute différence entre le démocrate et
l'aristocrate, parce que cette différence suppose une classification arbitraire des divers
éléments sociaux. Si cette vision consolante
du xx⁰ siècle n'est pas une simple chimère, on
peut considérer que les grands dédaigneux à la
façon de M. Renan sont des ouvriers très actifs
de sa réalisation, par cela seul qu'ils posent le
problème avec une extrême rigueur et qu'ils
font dès à présent saillir le conflit à venir avec
un relief douloureusement suraigu.

Ces notes sommaires sur un des hommes
les plus remarquables de cette époque, indi-
quent à peine les trois ou quatre états de conscience qu'il représente aux yeux des jeunes
gens qui lisent ses liv.es et en méditent les
pages éloquentes et troublantes. Aucun écrivain n'a plus de nouveauté que lui dans les
idées et dans les sentiments, parce qu'aucun
n'a déployé plus de sincérité dans l'invention
de ses idées et l'exposition de ses sentiments.
Quiconque étudie les sources de vie morale
infiltrées profondément dans la génération
montante, rencontre un peu partout l'influence
de l'auteur de l'*Histoire des origines du Christianisme*. Il faudrait être à cent années d'ici
pour mesurer le degré de fécondation de cette
influence. Il suffisait, pour la constater dès aujourd'hui sous plusieurs formes, de quelque
bonne foi et de quelque respect. Quand on
n'aurait pas le culte de ces deux grandes vertus intellectuelles, on le prendrait à vivre pendant quelques semaines dans l'intimité des
livres de M. Renan, — car nul ne les a prati-
quées avec plus de constance que celui qui in-
voquait, à la première page de sa *Vie de Jésus*,
l'Ame pure d'une Morte vénérée, — et qui lui

7

disait en une prière mélancoliquement élancée
vers l'insaisissable au delà des heures obscures : « Révèle-moi, ô bon génie, à moi que
tu aimais, ces vérités qui dominent la mort,
empêchent de la craindre, et la font presque
aimer !... »

III

GUSTAVE FLAUBERT

GUSTAVE FLAUBERT

———

Au cours de ces études sur les manifestations littéraires de la sensibilité contemporaine, j'arrive à parler d'un artiste qui, précisément, lutta, toute son existence durant, contre l'infiltration de la sensibilité personnelle dans la littérature. Depuis les années d'apprentissage, où ses amis, Bouilhet, Du Camp, Le Poitevin, l'écoutaient développer les projets de sa superbe adolescence, jusqu'à la période de travail lucide et à demi découragé, Gustave Flaubert n'a pas varié sur ce point de son esthétique, à savoir : « que toute œuvre est condamnable où l'auteur se laisse deviner... ». Un poète, à ses yeux, n'était véritablement le poète, le créateur, — au sens étymologique et large du mot, —

que s'il demeurait extérieur au drame raconté,
s'il montrait ses héros sans rien révéler de lui-
même. Aussi Flaubert est-il l'homme de lettres
de ce siècle qui a le moins souvent écrit la
syllabe *je* à la tête de sa phrase, cette syllabe
dont l'égoïsme tyrannique révoltait déjà Pascal:
« Le moi est haïssable », dit un fragment célèbre des *Pensées*. Mais le moraliste ajoute
aussitôt : « Vous, Mitton, le couvrez, vous ne
l'ostez pas pour cela... » Flaubert, de même,
a couvert son moi. Il ne l'a pas ôté de son
œuvre. Il en est de la pudeur littéraire comme
de la pudeur physique. Le vêtement, fût-il de
bure comme une robe de nonne, ou de soie
molle comme un peignoir du matin, qui dérobe
les formes fines et gracieuses d'un corps de
femme, les indique encore, et trahit leur souplesse. Le vêtement de phrases qui vêt la sensibilité d'un écrivain a, lui aussi, ses trahisons
et ses indications. Dans la préface qu'il a mise
aux *Dernières Chansons* du laborieux Louis
Bouilhet, n'est-ce pas Flaubert qui a dit du littérateur que « les accidents du monde lui apparaissent tous transposés comme pour l'emploi
d'une illusion à décrire » ? Et cette illusion ne
varie-t-elle pas avec les têtes qui l'élaborent ?

Chacun de nous aperçoit non pas l'univers, mais *son* univers; non pas la réalité nue, mais, de cette réalité, ce que son tempérament lui permet de s'approprier. Nous ne racontons que notre songe de la vie humaine, et, en un certain sens, tout ouvrage d'imagination est une autobiographie, sinon strictement matérielle, du moins intimement exacte et profondément significative des arrière-fonds de notre nature. Notre pensée est un cachet qui empreint une cire, et ne connaît de cette cire que la forme qu'il lui a d'abord imposée. Flaubert n'a pas échappé à la loi essentielle de notre intelligence. A travers tous ses livres, une même sensibilité se retrouve, très caractérisée et traduisant une aperception tout à fait personnelle des événements qu'elle colore de ses nuances, toujours les mêmes. J'essayerai de signaler celles d'entre ces nuances qui me paraissent plus particulièrement correspondre à des états nouveaux de l'Ame contemporaine; — celles qui font de Gustave Flaubert un chef de file pour quelques jeunes hommes. — Dix mille, ou mille, ou cent, qu'importe? Ne me suis-je pas condamné à l'analyse de l'exception, et, si l'on veut, à la nosographie, lorsque j'ai entrepris la

recherche des singularités psychologiques épar-
ses dans l'œuvre de nos écrivains les plus modernes; — je veux dire ceux qui datent, qui
marquent une découverte nouvelle dans cette
science de goûter la vie amèrement et doucement, à laquelle se réduit peut-être tout l'Art?...

I

DU ROMANTISME

Un peu de réflexion suffit pour reconnaître
que l'influence la plus profondément subie par
Gustave Flaubert fut celle du romantisme finissant. Alors même que les *Souvenirs* de M. du
Camp ne nous auraient point révélé cette profondeur d'influence ; quand nous n'aurions pas
cette lettre à Louis de Cormenin, où l'auteur
futur de *Madame Bovary* salue dans Néron
« l'homme culminant du monde ancien », et
formule la plus décisive profession de foi romantique, tout eût indiqué cette éducation première, dans la personne, dans les amitiés, dans
les enthousiasmes, dans les procédés aussi du
grand écrivain. La façon d'aller et de venir de

ce géant à longues moustaches, la forme de ses chapeaux, la coupe de ses pantalons à la hussarde, l'enflure de sa voix, surtout, et l'ampleur de ses gestes, rappelaient, par une évidente analogie, le je ne sais quoi d'un peu théâtral, même dans la bonhomie, dernier reste d'un amour passionné du grandiose, qui éclate chez tous les survivants de cette époque. dont Frédérick fut l'acteur typique. Comme les initiés de 1830, Flaubert prononçait les syllabes du nom de Victor Hugo avec vénération. Celui de ses aînés qu'il fréquenta le plus habituellement, et qu'il aima le mieux, fut Théophile Gautier, le « romantique opiniâtre », comme il s'appelait dans la pièce des *Émaux et Camées :*

> Les vaillants de mil huit cent trente,
> Je les revois tels que jadis.
> Comme les pirates d'Otrante,
> Nous étions cent, nous sommes dix!... -

Quoique enrôlé sur le tard de la campagne, Flaubert était bien demeuré un de ces dix par son horreur du bourgeois, son adoration des métaphores truculentes, ses griseries de couleurs et de sonorités. Des phrases de Chateau-

briand l'exaltaient. Il en récitait les magnifiques périodes avec cette voix de tonnerre qu'il
définissait lui-même, quand il disait : « Je ne
sais qu'une phrase est bonne qu'après l'avoir
fait passer par mon *gueuloir*... » Ceux qui l'ont
approché se souviennent du frémissement avec
lequel il criait, plutôt encore qu'il ne la décla-
mait, cette mélopée sur la lune, dans *Atala :*
« ... Elle répand dans les bois ce grand secret
de mélancolie qu'elle aime à raconter aux vieux
chênes et aux rivages antiques des mers. »
Volontiers Flaubert aurait voué à l'exécration
de 'la postérité l'honnête Morellet, qui com-
menta jadis ce passage : « Je demande ce que
c'est que le grand secret de mélancolie que
la lune raconte aux chênes? Un homme de
sens, en lisant cette phrase recherchée et con-
tournée, en reçoit-il quelques idées nettes? »
Qu'aurait pensé le classique abbé de cette autre
cantilène sur le clair de lune qui se trouve au
chapitre XIII de la seconde partie de *Madame
Bovary :* « ... La tendresse des anciens jours
leur revenait au cœur, abondante et silencieuse
comme la rivière qui coulait, avec autant de
molæsse qu'en apportait le parfum des seringas,
et projetait dans leurs souvenirs des ombres

plus démesurées et plus mélancoliques que
celles des saules immobiles qui s'allongeaient
sur l'herbe. » L'abbé eût rangé l'auteur de
ce morceau de prose, si musicalement exécuté,
dans la coupable école littéraire où il avait déjà
rangé le premier, — et, pour une fois, il aurait
eu raison.

On se tromperait, me semble-t-il, en aper-
cevant dans ce romantisme de Flaubert un
simple fait de rhétorique. Et d'ailleurs, quand
il s'agit d'un homme qui a vécu pour les lettres,
uniquement, les faits de rhétorique sont aussi
des faits de psychologie, tant les théories d'art
se mêlent intimement à la personne, et la
façon d'écrire à la façon de sentir. Pour bien
comprendre les origines de beaucoup d'idées et
de beaucoup de sensations de Flaubert, il faut
donc décomposer ce mot de romantisme et le
résoudre dans les divers éléments qu'il représente. La tâche est moins aisée qu'on ne croirait, car ce mot, comme tous les termes à la
fois synthétiques et vagues où se résument des
sentiments en voie de formation, a fait boule
de neige depuis son origine, et s'est tour à tour
grossi des significations les plus contradictoires.
Il paraît avoir désigné d'abord l'impression des

paysages vaporeux et de la poésie songeuse du
Nord, par contraste avec les paysages à vives
arêtes et la poésie à lignes précises de nos
contrées latines. On disait communément, au
commencement du siècle, que i'Écosse abonde
en sites romantiques. Aux environs de 1830, le
mot traduisait, en même temps qu'une révolution dans les formes littéraires, tout un rêve de
la vie, à la fois très arbitraire et très exalté,
surtout sublime; au lieu qu'aujourd'hui, et
sous l'influence inévitable d'une réaction pré-
vue, ce cri de ralliement des novateurs d'il y a
cinquante ans est devenu le synonyme d'enthousiasme factice et de poésie conventionnelle.
L'histoire, qui ne se soucie ni des ferveurs ni
des dénigrements, gardera le mot, et très vraisemblablement adoptera, avec une faible va-
riante, la définition que Stendhal donnait dans
son pamphlet sur *Racine et Shakespeare :*
« Le Romanticisme (*sic*) est l'art de présenter
aux peuples les œuvres littéraires qui, dans
l'état actuel de leurs habitudes et de leurs
croyances, sont susceptibles de leur donner le
plus de plaisir possible... » Actuch Stendhal
écrit en 1820. Les jeunes Français de cette
époque s'inventèrent des raisonnements et des

sentiments si peu analogues aux raisonnements
et aux sentiments de leurs pères du XVIIIe siècle,
qu'une étiquette nouvelle devint nécessaire. Un
Idéal s'élabora, aujourd'hui disparu avec la
génération qui le conçut à son image. Cet
Idéal enveloppe l'essence de ce que fut le Romantisme : c'est lui dont Flaubert subit la fas-
cination lorsque, du fond de sa province, il lut
et relut les poètes nouveaux et s'intoxiqua pour
toujours de leurs imaginations extraordinaires
et dangereuses.

Un premier caractère de l'Idéal romantique
est ce que je nommerai, faute d'un terme plus
précis : l'exotisme. Victor Hugo écrit les
Orientales, Alfred de Musset compose les
Contes d'Espagne et d'Italie, Théophile Gautier transporte son Albertus

Dans un vieux bourg flamand, tels que les peint Teniers.

La fuite et la haine du monde moderne et con-
temporain se manifestent par des fantaisies de
la plus bizarre archéologie. Les romans gogue-
nards que ce même auteur d'*Albertus* a réunis
sous le titre de : *les Jeune-France*, décrivent
très exactement cette manie du décor iointain,

et la fine ironie du conteur accuse mieux les
lignes du portrait. C'est qu'en effet, dès l'entrée
du siècle, un bouleversement européen a con-
raint l'Ame française de passer les frontières
t de traverser le spectacle varié du vaste
nonde. Les guerres de la Révolution et de
l'Empire ont fait terriblement voyager notre
peuple, par nature casanier comme il est éco-
nome. Parmi les hommes mûrs qu'un jeune
curieux de 1820 rencontre dans un salon, et
qu'il entend causer, beaucoup ont fait campagne et vu l'Autriche, l'Allemagne, l'Italie,
la Russie, l'Espagne, parfois l'Égypte. D'autres ont vécu les longues années de l'émigra-
tion en Angleterre, ou sur les bords du Rhin,
dans les villes qui sentent le tilleul, comme
Coblence aux beaux soirs d'été, auprès des
châteaux écroulés des hauts barons du moyen
âge. Beaucoup ont dû apprendre les langues.
Plusieurs ont découvert des littératures. Ils ont
plus ardemment admiré, grâce à l'attrait de la
nouveauté, l'étrange imagination germanique,
si différente de notre imagination traditionnelle.
De cette expérience, multipliée et variée à l'infini, sortira plus tard l'esprit critique, particulier à notre xix° siècle érudit et compliqué.

Une vérité apparaît, confuse encore et enveloppée, mais déjà perceptible, à savoir : qu'il y
a beaucoup de façons légitimes, bien que contradictoires, de rêver le rêve de la vie. Le
romantisme est la première intuition de cette
vérité, certainement plus favorable à la science
qu'à la poésie, et au dilettantisme qu'à la
passion. Pourtant les romantiques se croient
des créateurs et non pas des critiques. S'ils
ouvrent la voie aux historiens de l'heure présente et à la vaste enquête de nos psychologues,
c'est d'une façon naïve et involontaire. Les
jeunes ribauds en gilet rouge qui vident des
bowls de punch pour imiter lord Byron, qui
laissent pousser leurs chevelures comme des
rois mérovingiens, qui sacrent avec des jurons
du xv⁰ siècle, ne se doutent guère qu'ils sont les
pionniers d'un âge d'exégèse et de documents.
Il en est ainsi néanmoins. Ces adorateurs des
milieux étrangers et des siècles disparus font la
même besogne que nous nous essayons à
réaliser aujourd'hui. Ils se figurent des civilisations contradictoires et s'efforcent de les
pénétrer. Seulement, nous travaillons à comprendre ce qu'ils travaillaient à sentir ou mieux
à s'approprier. Là où nous apportons le désin-

téressement intellectuel dont Gœthe a le premier donné l'exemple, nous appliquant à nous renoncer nous-même, dépouillant notre sensibilité, prêtant notre personne, — les Romantiques apportaient les exigences d'une passion frémissante et jeune. Ils voulaient, non pas se représenter les mœurs d'autrefois et les âmes lointaines, mais vivre ces mœurs, mais avoir ces âmes, si bien que, par une inconsciente contradiction, ces fanatiques de l'exotisme étaient en même temps les plus personnels des hommes, les plus incapables de s'abdiquer eux-mêmes pour se transformer en autrui.

C'est là un second caractère de l'Idéal romantique : l'infini besoin des sensations intenses. La Révolution et l'Empire n'ont pas eu pour seul résultat des promenades pittoresques à travers l'Europe ; les âmes ont reçu le contre-coup des tragiques événements de l'épopée républicaine et impériale. Elles en sont demeurées toutes troublées, en proie à d'étranges malaises. Des nostalgies de grandeur devaient hanter et hantèrent les songes de ces enfants conçus entre deux batailles, qui avaient vu Murat cavalcader en habit rose, le maréchal

Ney passer avec « ses cheveux blonds et sa
grosse figure rouge » [1], et l'empereur flatter,
avec sa main de femme, le col de sa monture
favorite. Les coups de canon de ces années-là
ne tuèrent pas seulement des envahisseurs du
sol natal; ils annoncèrent la fin d'une sensibilité, parce qu'ils annonçaient la fin d'une
société. Les analyses ténues, la jolie et frêle
littérature de salon, les correctes inventions de
l'âge classique ne pouvaient plus satisfaire des
têtes où flamboyait le souvenir des drames
réels, des véritables tragédies, des vivants
romans de l'époque héroïque. Alfred de Musset,
dans les premières pages de la *Confession
d'un Enfant du siècle*, a bien montré la détresse des jeunes gens d'après 1815 et leur
inexprimable malaise, — détresse et malaise
que les imaginations désordonnées du romantisme consolèrent à peine. Ajoutez que, pour la
première fois, les plébéiens arrivaient à la
royauté du monde, s'emparant des jouissances
et supportant les souffrances d'une civilisation
très avancée, avec des âmes toutes neuves.
Ajoutez que, pendant des années, l'éducation

1. BEYLE, *la Chartreuse de Parme*. — Henri HEINE, *le
Tambour Legrand.*

classique avait été interrompue. La poussière
des livres anciens, si dense et enveloppante,
n'avait plus séparé les jeunes hommes de l'âpre
expérience personnelle. Toutes ces influences,
et d'autres encore, — telles qu'une surabon-
dance de la sève physique, enrichie par les
sélections de la guerre et fortifiée par la vie
active, — produisirent une lignée de créatures
inquiètes, effrénées, vigoureuses, qui divini-
sèrent la passion. Non seulement l'Idéal romantique supposa un décor complexe et contradictoire, mais il exigea dans ce décor des
âmes toujours tendues, des âmes excessives,
et capables d'un renouvellement constant de
leurs émotions. On acquerra une notion de ces
exigences en étudiant, du point de vue psychologique, ces trois livres parus à quelques années
de distance l'un de l'autre, et les plus réfléchis
peut-être d'alors : le *Volupté* de Sainte-Beuve,
la *Mademoiselle de Maupin* de Gautier, le
Rouge et Noir de Stendhal. Les trois héros en
sont surhumains : le premier, Amaury, par
son inépuisable effusion mystique; le second,
d'Albert, par son infatigable élan vers le Beau;
le troisième, Julien, par l'intarissable jet de
sa volonté. La consommation d'énergie senti-

mentale que fait chacun d'eux est inconciliable avec les lois de n'importe quel organisme et de n'importe quel développement cérébral. Aussi les écrivains ont-ils façonné leurs personnages, non point d'après nature, mais à l'image de leur rêve intérieur, qui leur était commun avec les déchaînés de la génération nouvelle.

Il est des conceptions de l'art et de la vie qui sont favorables au bonheur de ceux qui les inventent ou qui les subissent. Il en est dont l'essence même est la souffrance. Constitué par les deux éléments que j'ai marqués, l'Idéal romantique aboutissait nécessairement au pire malheur de ceux qui s'y livraient tout entiers. L'homme qui rêve à sa destinée un décor d'événements compliqués, a toutes les chances de trouver les choses en désaccord avec son rêve, s'il est né surtout dans une civilisation vieillissante, où la distribution plus générale du bien-être s'accompagne d'une certaine banalité des mœurs privées et publiques. L'homme qui se veut une âme toujours frémissante, et qui se prépare à une abondance continue de sensations et de sentiments, a toutes les chances de manquer au programme qu'il s'est imposé à lui-même. « Nous n'avons dans le cœur ni de quoi toujours souffrir ni de quoi toujours aimer, » a dit un observateur doucement triste. A ne pas admettre cette vérité, on risque de se décevoir soi-même et de se mépriser quand on constate en soi les insuffisances de sensibilité qui sont notre lot à tous. C'est le second germe de douleur qu'enveloppe l'Idéal romantique. Non seulement il conduit l'homme à être en disproportion avec son milieu, mais il le met en disproportion forcée avec lui-même. C'est l'explication de la banqueroute que le romantisme a faite à tous ses fidèles. Ceux qui avaient pris ses espérances à la lettre ont roulé dans des abîmes de désespoir ou d'ennui. Tous ont éprouvé que leur jeunesse leur avait menti et qu'ils avaient trop demandé à la nature et à leur propre cœur. Beaucoup se sont guéris en s'accommodant à leur milieu ou en se persiflant eux-mêmes. Quelques-uns sont demeurés blessés, et Flaubert plus profondément qu'aucun autre, parce que son tempérament et les circonstances l'avaient précipité plus ardemment vers cet Idéal.

Tout, en effet, devait lui plaire de ce romantisme, — et tout lui en plut. Sa personne était taillée pour une existence démesurée et magnifique. Les frères de Goncourt écrivaient sur lui dans leurs *Hommes de lettres* « qu'il semblait porter la fatigue de la vaine escalade de quelque ciel ». Ceux qui l'ont vu durant les dernières années de sa vie, fatigué par l'âge et le labeur, se le rappellent comme un Titan vaincu. Y avait-il en lui l'obscur atavisme des Normands de sa province, et son sang roulait-il des gouttes de ce sang des anciens pirates en qui semblaient avoir passé l'inquiétude, la sauvagerie et la puissance de leur cruel Océan? Toujours est-il que, dans sa première jeunesse, Gustave Flaubert paraît avoir connu, comme état normal, une exaltation continuelle, faite du double sentiment de son ambition grandiose et de sa force invincible. Les poètes de son époque trouvèrent en lui un lecteur à la taille de leur fantaisie, comme il trouva en eux des imaginations à la taille de sa sensibilité. Toute l'effervescence de son sang se tourna donc en passion littéraire, comme il arrive, vers la dix-huitième année, aux âmes précoces qui trouvent, dans l'énergie d'un style ou les intensités d'une fiction, de quoi tromper le besoin d'agir beaucoup et de trop sentir qui les tourmente. Mais les dispositions de Flaubert

tout jeune ont été dépeintes par lui dans une
des rares pages où il ait confessé quelque chose
de ses émotions personnelles. J'emprunte encore ce fragment à la préface des *Dernières
Chansons* : « J'ignore quels sont les rêves des
collégiens. Mais les nôtres étaient superbes
d'extravagance,— *expansions dernières du romantisme arrivant jusqu'à nous, et qui, com-
primées par le milieu provincial*, faisaient dans
nos cervelles d'étranges bouillonnements... On
n'était pas seulement troubadour, insurrec-
tionnel et oriental, on était avant tout artiste.
Les pensums finis, la littérature commençait,
et on se crevait les yeux à lire au dortoir des
romans ; on portait un poignard dans sa poche
comme Antony. On faisait plus : par dégoût
de l'existence, Bar*'* se cassa la tête d'un coup
de pistolet ; And*^* se pendit avec sa cravate.
Nous méritions peu d'éloges, certainement.
Mais quelle haine de toute platitude ! Quels
élans vers la grandeur ! Quel respect des
maîtres ! Comme on admirait Victor Hugo !... »
J'ai souligné dans cette citation la ligne qui me
paraît la plus caractéristique des circonstances
où grandit l'adolescence de Flaubert. On était
aux environs de 1840. A Paris, la réaction

contre le romantisme commençait; — mais en
province, le triomphe de ce même romantisme
était dans sa plénitude. Ce qui se démodait au
regard des jeunes habitués du perron de Tor-
toni, — alors non mutilé, — procurait aux
jeunes liseurs de Rouen les délices d'une initiation et l'enchantement d'une découverte. La
vie provinciale a de ces retards qui sont des
sagesses, comme elle a de ces lenteurs qui sont
des fécondités; et, lente et tardive, elle élabore
des passions d'une saveur profonde. L'âme
des Parisiens traverse trop de sensations variées, elle s'y dépouille de sa force comme les
vins qui traversent trop de bouteilles. Romantique par sa race et par son éducation, Flaubert le fut d'autant plus énergiquement qu'il
resta provincial, et c'est son originalité supérieure, jusqu'à son dernier jour. Ayant em-
brassé l'Idéal romantique avec tant de ferveur,
plus qu'aucun autre il devait ressentir et il res-
sentit les mélancolies que cet Idéal enveloppe
— par définition, comme diraient les mathématiciens; — et, de fait, aucun autre ne fut
plus complètement en désaccord avec son milieu et avec sa propre chimère. On peut considérer, sans paradoxe, que le malin génie de la

nature s'amusa rarement à mettre un de ses plus superbes enfants dans de plus savantes conditions de déséquilibre.

A lire les *Souvenirs littéraires* que M. du Camp a publiés cette année même sur son grand ami, précisément il est loisible de suivre le détail de la jeunesse de l'écrivain et d'assister aux désastres de sa première expérience. Tout n'est ici que contraste et que froissements. Gustave Flaubert n'a pas une idée commune avec le docteur, son père; pas une idée commune avec les Rouennais, au milieu desquels il a pourtant grandi, — mais combien dissemblable, et comme il les haïssait, sa conversation en faisait foi! Les compatriotes de Gustave, comme son père, étaient des créatures d'action et non pas de rêve, à qui la littérature était le plus volontiers indifférente, quelquefois hostile. L'homme un peu simple s'irrite si aisément contre les finesses qu'il ne comprend pas! Flaubert songeait-il à cette étrange loi de la conscience populaire, lorsqu'il décrivait dans la *Tentation de saint Antoine* cette scène d'une insurrection égyptienne :
« Et on se venge du luxe; ceux qui ne savent pas lire déchirent les livres; d'autres cassent,

détruisent les statues, les peintures, les meubles, les coffrets, *mille délicatesses dont ils
ignorent l'usage, et qui, à cause de cela, les
exaspèrent...* » Mais surtout, l'enthousiaste camarade de Bouilhet n'avait pas une idée commune avec son pays. Toute la France du temps
de Louis-Philippe était parfaitement désintéressée des lettres... Ne l'est-elle pas encore aujourd'hui, et dans aucune des grandes nations
d'Europe rencontrerez-vous une indifférence
pour la littérature contemporaine égale à celle
que notre classe moyenne manifeste à toute occasion ? Où laisserait-on vendre aux enchères les
manuscrits d'un écrivain de la valeur de Balzac,
sans que l'État parût se douter que le marteau
du commissaire-priseur a disposé d'une richesse publique ? Mais qu'attendre d'une bourgeoisie chez laquelle il est de règle que les
études finissent vers l'âge de vingt ans, et qui
ne comprend pas que les privilèges de la fortune et du loisir deviennent des principes des-
tructeurs pour la classe qui les possède, s'ils ne
se transforment pas en instruments de supériorité intellectuelle et politique ? Personne ne
sentit ces défaillances de notre aristocratic terri-
toriale et financière avec plus d'amertume que

8

Flaubert. Une lettre peu connue, qu'il adressa
au conseil municipal de Rouen après la mort
de Bouilhet, renferme une expression indignée
jusqu'à l'éloquence de sa colère contre la médiocrité d'idées de la bourgeoisie. Il ne voyait
pas que ce défaut de haute culture est inhérent
à l'absence de profond idéalisme dont la France
a tour à tour tant souffert et tant profité. Parfaitement douée pour l'analyse et pour la logique, la tête française est d'une pauvreté
d'imagination qui étonne, lorsqu'on la compare aux têtes du Nord et à leur magique pouvoir de rêve, aux têtes du Midi et à leur magique pouvoir de vision. Nous sommes bien
les fils d'une contrée mixte, d'un paysage habituellement médiocre, d'une civilisation toute
clémente et modérée. C'est là de quoi faire un
peuple de subtils raisonneurs, d'industrieux
travailleurs, de politiciens aiguisés. Il semble
que les vastes spéculations intellectuelles comme
les fécondes inventions artistiques veulent un
autre milieu et d'autres hommes. Aussi les unes
et les autres sont-elles, chez nous, l'apanage
d'une élite. Flaubert aperçut ces vérités, mais
il les aperçut sans bien se les expliquer et avec
fureur, au lieu de les considérer avec l'indul-

gence apaisée et l'indifférence transcendan-
tale du philosophe devant la cohue des sottises humaines. Ces sottises hantaient Flaubert, le soulevaient, le ravageaient. Ce·te âme
forcenée se précipitait en des colères tragiques
ou en des ironies féroces, chaque fois qu'une
de ces sottises se présentait. « C'est énorme!... »
ce cri, qu'accompagnaient une agitation des bras
et une convulsion de la face, trahissait chez le
créateur d'Homais et de Bournisien une exaltation extraordinaire en présence de quelque
colossale preuve d'inintelligence. Il semblait
qu'il y eût en lui quelque chose de ce qu'é-
prouve le saint Antoine de la *Tentation*, lorsqu'il aperçoit le Catoblepas, cet animal si parfaitement abruti qu'il s'est dévoré les pattes
sans s'en apercevoir. « Sa stupidité m'attire... »
s'écrie l'ermite. Aussi Flaubert, qui se trouvait
au supplice par la seule rencontre de la médiocrité imbécile et satisfaite, se complaisait-il à
inventorier minutieusement toutes les ignorances et les misères morales des créatures
manquées, dont il subissait, dont il recherchait
la bêtise; et ces créatures pullulent sur le tard
de la civilisation, par cela seul que la culture
s'essayant sur un très grand nombre de cer-

veaux, la quantité des déchets est formidable.

En contradiction avec son milieu et avec son temps, Flaubert était aussi en contradiction avec lui-même. De bonne heure, touché d'un mal incurable, il put mesurer le peu que nous sommes et sentir l'extrémité de sa force, lui qui avait pris son élan comme pour aller à l'infini. L'analyse en outre, cette lampe allumée sur notre front comme la lampe des mineurs et qui nous permet de tout voir des gouffres où nous descendons, éclairait cruellement son cœur sur ses propres insuffisances. Le plus grand malheur qui puisse arriver à un écrivain est assurément de joindre ce pouvoir d'analyse au pouvoir de poésie. Son imagination, à propos d'un événement à venir, lui permet de se configurer des félicités ou des douleurs excessives; puis , l'événement une fois survenu, l'observateur se regarde, constate la disproportion entre ce qu'il attendait d'émotion et ce qu'il en éprouve réellement; et le contraste est tel que la sécheresse en résulte aussitôt, ou du moins ce morne désespoir, fait de la conviction de l'impuissance sentimentale, qui pousse l'homme aux pires expériences. Flaubert évita ces expériences, mais il n'évita pas ce désespoir. Les lettres que nous pouvons lire de lui à l'occasion de la mort d'une sœur pourtant bien-aimée, renferment de singuliers et mélancoliques aveux sur cette aridité douloureuse d'une âme qui ne se sent plus sentir, parce que sa pensée a tout épuisé d'avance : « Et moi? J'ai les yeux secs comme un arbre. C'est étrange. Autant je me sens expansif, fluide, abondant et débordant, dans les douleurs fictives, autant les vraies restent dans mon cœur, âcres et dures. Elles s'y cris-tallisent à mesure qu'elles y survivent... J'é-tais sec comme la pierre d'une tombe, mais horriblement irrité... » Reconnaissez-vous l'amer sentiment d'une disproportion entre un je ne sais quoi qui pourrait être, et ce qui est? Enfin, pour que rien ne fût épargné à ce pes-simiste des éléments inconciliables et qui peu-vent empêcher une âme d'être en harmonie avec le monde et avec elle-même, l'éducation de Flaubert avait été double. Au même mo-ment qu'il se repaissait des romanciers et des poètes, il subissait une forte discipline scienti-fique, en sorte que cet artiste en images était un physiologiste, et ce lyrique un érudit mi-nutieux. Tout se heurtait et se choquait dans

3.

cette personnalité complexe, plus préparée
qu'aucune autre à dégager le principe de nihilisme que l'Idéal romantique enveloppe en
lui. « As-tu réfléchi, écrivait Flaubert jeune à
son ami préféré, as-tu réfléchi combien nous
sommes organisés pour le malheur? » Et ailleurs : « C'est étrange, comme je suis né avec
peu de foi au bonheur. J'ai eu, tout jeune, un
pressentiment complet de la vie. C'était comme
une odeur de cuisine nauséabonde qui s'é-
chappe par un soupirail. On n'a pas besoin
d'en avoir mangé pour savoir qu'elle est à faire
vomir!... » Et de fait, infatigablement et magnifiquement, ce que Flaubert a raconté, c'est
le nihilisme des âmes pareilles à la sienne,
toutes déséquilibrées et disproportionnées.
Mais à travers son destin il a vu le destin de
beaucoup d'existences contemporaines, — et
cela seul donne à ce romantique torturé une
place de haut moraliste.

II

DU NIHILISME DE GUSTAVE FLAUBERT

C'est à travers son destin que Flaubert a vu
le destin de toute existence, — et, en effet, la
cause du malheur de tous ses personnages est,
comme chez lui, une disproportion. Même,
généralisant cette remarque, il semble reconnaître que cette disproportion n'est pas un ac-
cident. C'est à ses yeux une loi constante que
tout effort humain aboutit à un avortement,
d'abord parce que les circonstances extérieures
sont contraires au rêve, ensuite parce que la
faveur même des circonstances n'empêcherait
pas l'âme de se dévorer en plein assouvisse-
ment de sa chimère. Notre désir flotte devant
nous comme le voile de Tânit, le *zaïmph*
brodé, devant Salammbô. Tant qu'elle ne
peut le saisir, la jeune fille languit de désespoir, et quand elle l'a touché, il lui faut mourir. Suivez, à travers les principaux personnages des cinq romans qu'a publiés Flaubert,
la mise en œuvre de cette théorie psychologi-

que sur la misère de notre vie. Est-ce que les
premiers songes d'Emma Bovary ne la réser-
vent pas à une poésie enchantée de toutes les
heures? Quoi de plus noble que la nostalgie
d'une belle vie sentimentale, et quel plus rare
signe d'une âme délicate que de se façonner
d'avance une tendresse choisie? Que la jeune
fille du fermier Rouault ressente en elle la soif
d'une infinie félicité, qu'elle souhaite cette félicité caressante comme le clair de lune qui va-
porise les brumes de ses prairies natales,
qu'elle l'imagine féconde en renouvellements
et compliquée comme les chimériques his-
toires où se délecte sa curiosité virginale,
qu'elle l'enveloppe dans un décor somptueux
et raffiné, opulent et gracieux, comme on désire à une belle peinture un cadre qui ne la
déshonore point ; — qu'y a-t-il là qui ne
prouve une nature exquise et tout facilement
fine ? Comme les gaucheries mêmes de ces premiers songes attestent leur naïveté!... Comme
aussi la vie, — cette vie qui nous humilie à
tous le cœur, — se charge de tourner à la
perte de la pauvre femme cette exquisité de
nature et cette finesse! Ils vont tomber dans la
bourbe de tous les mauvais chemins, « comme

des hirondelles blessées, » ces premiers beaux
songes. La stupidité de son mari et la misère
de son milieu lui sont trop dures, et la livrent
sans défense à un premier amant qui la dé-
prave et l'abandonne. La brutalité de celui-là
prépare la malheureuse à mieux goûter la finesse du second, mais celui-ci n'est que lâcheté
déguisée et qu'égoïsme faussement tendre...
Et elle se dit avec l'âcre saveur de ses fautes
dans la poitrine : « Ah! si dans la fraîcheur
de sa beauté, avant les souillures du mariage
et la désillusion de l'adultère, elle avait pu
placer sa vie sur quelque grand cœur solide,
alors la vertu, la tendresse, les voluptés et le
devoir se confondant, jamais elle ne serait des-
cendue d'une félicité si haute... » Elle est de
bonne foi, à cette heure amère ; elle rend justice à ce qu'il y a de sublime dans ses pires
égarements, lorsqu'elle condamne l'odieuse
vilenie des circonstances qui la garrottent. Et
cependant, cette félicité si haute lui eût été ac-
cordée, ce grand cœur solide se serait offert,
que cela même n'eût pas comblé l'abîme
plaintif et trop profond de son cœur à elle.
Aux jours de son adultère le plus enivré, quand
elle se précipitait sur la poitrine de son amant

avec l'ardeur presque tragique de l'idéal pos-
sédé, — car elle croyait le posséder, — « *elle
s'avouait ne rien sentir d'extraordinaire...* »
A quoi bon alors? Et n'apercevez-vous point
le mensonge du désir qui nous fait osciller
entre la brutalité meurtrière des circonstances
et les impuissances plus irréparables encore
de notre sensibilité?

Pareillement le Frédéric Moreau de l'*Éducation sentimentale* qui, à vingt-deux ans,
« trouve que le bonheur mérité par l'excellence
de son âme tarde bien à venir, » n'a pas si
tort de considérer que cette âme est, en effet,
d'une qualité rare. Parmi tous les objets qu'un
homme, jeune et fier, peut désirer, il a choisi
les plus désirables, ceux dont la possession
vaut vraiment qu'on vive : une grande puissance d'artiste, un grand amour. Mais en cela,
tout semblable à Emma Bovary, ce qu'il a en
lui de meilleur sera la cause de sa perte. Il
manquera sa destinée pour avoir eu des facultés supérieures à son milieu. Et se guérit-on
de ses facultés?... Créature fine et douce, il
éprouve un désir inné de plaire. C'est la fata-
lité des personnes à imagination psychologique. A se figurer trop complètement les im-

pressions que ressentent les autres, leur antipathie est trop présente, on èn souffre trop. Ce
désir de plaire, si humain, si charitable, au
plus beau sens du mot, condamnera Frédéric
aux amitiés banales, à la dispersion de son
temps et de sa fortune, à des soumissions devant qui ne le vaut pas. Il est puni, de quoi?
De ne pas savoir mépriser. Son rêve d'une vie
exaltée, ce si noble rêve qui permet seul d'é-
galer en les comprenant les nobles âmes des
nobles artistes, le fera, lui, s'user sur place,
dans l'attente d'un je ne sais quoi de définitif
qui ne viendra jamais. Au lieu de canaliser sa
force dans le travail quotidien d'une carrière
stricte, il stagnera jusqu'à en croupir dans une
douloureuse oisiveté. Son goût pour un unique
amour, cette poursuite d'un fantôme idéal, —
qui est la secrète chimère de tout poète, qui
était la chimère secrète de Flaubert lui-même,
— aboutira au désir éternellement inapaisé de
Mme Arnoux. La robe de cette femme flotte
devant les yeux de Frédéric, et l'empêche
d'aimer vraiment ses maîtresses. Et qu'il n'arrive jamais à étreindre ce fantôme, dont le
charme suprême est d'être un fantôme, car
alors il s'apercevrait trop qu'il a vécu d'un

néant... Et il vit pourtant, roulé comme un galet par la marée de ses heures, de plus en plus incapable d'une volonté qui triomphe de la pression énorme des menus faits, de plus en plus incapable, s'il en triomphait, d'égaler ses désirs par ses jouissances, si bien que les conditions extérieures lui étant contraires, et les conditions intérieures, la plus complète banqueroute est aussi la plus méritée.

Mais Emma Bovary, mais Frédéric, sont le produit d'une civilisation fatiguée, ils auraient développé toute leur vigueur s'ils étaient nés dans un monde plus jeune... ; c'est du moins ce que nous pensons d'eux, ce que nous pensons de nous, lorsqu'en proie aux affres de l'épuisement, cette trop pénible rançon des bienfaits du monde moderne, nous nous prenons à regretter les âges lointains de l'énergie sauvage ou de la foi profonde. Qui ne s'est répété, aux minutes de trop grande fatigue de civilisation, le mot célèbre : « Je suis venu trop tard... » Flaubert répond à ce cri nostalgique en démontrant que la somme des contradictions intérieures et des contradictions extérieures était égale, dans ce monde plus jeune, à celle qui fait le malaise de notre monde trop

vieux. Quand Salammbô s'empare du zaïmph,
de ce manteau de la Déesse « tout à la fois
bleuâtre comme la nuit, jaune comme l'au-
rore, pourpre comme le soleil, nombreux, dia-
phane, étincelant, léger..., » elle est surprise,
comme Emma entre les bras de Léon, de ne
pas éprouver ce bonheur qu'elle imaginait autrefois : « Elle reste mélancolique dans son
rêve accompli... » L'ermite saint Antoine, sur
la montagne de la Thébaïde, ayant, lui aussi,
réalisé sa chimère mystique, comprend que la
puissance de sentir lui fait défaut ; il cherche
avec angoisse la fontaine d'émotions pieuses
qui jadis s'épanchait du ciel dans son cœur.
« Elle est tarie, maintenant, et pourquoi ?... »
gémit-il en regardant l'horizon. Ah! Pourquoi
est-ce la loi commune des créatures humaines
que la jouissance soit toujours en disproportion avec le désir ? Pourquoi toute âme ar-
dente est-elle dupe d'un mirage qui lui per-
suade qu'elle a en elle de quoi suffire à une
saveur continue d'extase ? Pourquoi un ensor-
cellement mensonger se dérobe-t-il derrière la
farouche mysticité des simples et des dévots,
comme il se dérobe derrière la sensualité cor-
rompue des âmes modernes qui n'ont plus la

9

foi ? Et d'ailleurs, est-ce que le décor du cauchemar de la vie valait beaucoup mieux, en
ces temps soi-disant héroïques, qu'il ne vaut
aujourd'hui, parmi les embourgeoisements de
nos villes ? La stupide férocité des mercenaires
qui festoient dans le jardin d'Hamilcar est-elle
moins écœurante pour une noble créature que
la stupide grossièreté des convives de la noce
Bovary ou des soupeurs, amis de Frédéric ?
La niaiserie ascétique des moines des premiers
siècles était-elle moins féconde en misérables
sottises que le lamentable scepticisme de notre
époque ? Toutes questions auxquelles Flaubert
jette en réponse les pages de ses deux épopées
antiques, étalant pour ce qui fut un mépris égal
à celui qu'il ressent pour ce qui est. Comme le
squelette du tableau de Goya soulève la pierre
de son tombeau, et de son doigt blanc écrit
« Nada... — il n'y a rien..., » les morts des
civilisations anciennes se dressent devant les
yeux évocateurs du poète et viennent lui jurer
qu'un même néant était au fond des bonheurs
d'alors, — qu'une même détresse et une même
angoisse faisaient le terme de tout effort, et
que, barbare ou civilisé, l'homme n'a jamais
su ni façonner le monde à la mesure de son

cœur, ni façonner ce cœur à la mesure de ses désirs !

C'est là, comme on voit, plus qu'un sentiment personnel, c'est une doctrine. Ce n'est plus seulement le romantique mal éveillé de ses songes qui se lamente et qui maudit. C'est le psychologue qui discerne dans sa misère les causes essentielles ; c'est le métaphysicien qui dégage de cette misère et de ses causes une loi plus haute, de laquelle il dépend, comme tous ses semblables. Du métaphysicien, il y a peu de chose à dire. Le pessimisme, en tant que théorie générale de l'univers, ne saurait avoir une valeur plus définitive que l'optimisme. L'une et l'autre philosophie manifestent une disposition personnelle, et vraisemblablement physiologique, qui pousse l'homme à renouveler plus volontiers, dans un cas ses malaises, dans l'autre cas ses jouissances. L'œuvre du psychologue est plus durable en même temps qu'elle est moins arbitraire. Elle consiste à marquer en quelques traits profonds la marche d'une maladie d'âme. On peut même dire que dans l'arrière-fond de toute belle œuvre littéraire se cache l'affirmation d'une grande vérité psychologique, comme dans l'arrière-fond de toute belle œuvre de peinture ou de sculpture se cache l'affirmation d'une grande vérité anatomique. La portée de la vérité ainsi entrevue par l'artiste fait la portée de son génie.

A creuser plus avant encore la conception que Flaubert se forme de ses personnages, on reconnaît que la disproportion qui les fait souffrir provient, toujours et partout, de ce qu'ils se sont façonné une idée par avance sur les sentiments qu'ils éprouveront. C'est à cette idée, d'avant la vie, que les circonstances d'abord font banqueroute, puis eux-mêmes. C'est donc la Pensée qui joue ici le rôle d'élément néfaste, d'acide corrosif, et qui condamne l'homme à un malheur assuré; mais la Pensée qui précède l'expérience au lieu de s'y assujettir. La créature humaine, telle que Flaubert l'aperçoit et la montre, s'isole de la réalité par un fonctionnement tout arbitraire et personnel de son cerveau. Le malheur résulte alors du conflit entre cette réalité inéluctable et cette personne isolée. Mais quelles causes produisent cet isolement? Que Flaubert s'occupe du monde ancien ou du monde moderne, toujours il attribue à la Littérature, dans la plus large interprétation du terme, c'est-à-dire à la parole ou à

la lecture, le principe premier de ce déséquilibre. Emma et Frédéric ont lu des romans et
des poètes ; Salammbô s'est repue des légendes
sacrées que lui récitait Schahabarim... « Personne à Carthage n'était savant comme lui. »
Saint Antoine s'est enivré de discussions théologiques. Les uns et les autres sont le symbole
transposé de ce que fut Flaubert lui-même.
C'est le mal dont il a tant souffert qu'il a in-
carné en eux, le mal d'avoir connu l'image de
la réalité avant la réalité, l'image des sensations
et des sentiments avant les sensations et les
sentiments. C'est la Pensée qui les supplicie
comme elle supplicie leur père spirituel, et cela
les grandit jusqu'à devenir le symbole non plus
même de Flaubert, mais de toutes les époques
où l'abus du cerveau est la grande maladie.
Balzac avait déjà écrit, dans la préface générale de la *Comédie humaine :* « Si la Pensée
est l'élément social, elle est aussi l'élément destructeur... » L'auteur de *Madame Bovary* n'a
presque fait que commenter cette phrase profonde, mais le commentaire devient capital et
vaut qu'on en examine la valeur contemporaine.

Considérer ainsi la pensée comme un pou-

voir, non plus bienfaisant, mais meurtrier, c'est
aller au rebours de toute notre civilisation moderne, qui met au contraire dans la pensée le
terme suprême de son progrès. Surexciter et
redoubler les forces cérébrales de l'homme, lui
procurer, lui imposer même un travail intellectuel de plus en plus compliqué, de mieux en
mieux outillé, telle est la préoccupation constante de l'Europe occidentale depuis la fin du
moyen âge. Nous nous applaudissons lorsque,
comparant au peuple de jadis notre peuple de
civilisés, nous constatons, ainsi que le disait
Gœthe mourant : « plus de lumière. » C'est
bien pour cela que notre effort suprême se résume dans la science, c'est-à-dire dans une représentation, coordonnée et accessible à tous
les cerveaux, de l'ensemble des faits qui peuvent être constatés. Mais avons-nous bien mesuré la capacité de cette machine humaine que
nous surchargeons de connaissances? Quand
nous prodiguons, à mains ouvertes, l'instruction en bas, l'analyse en haut; quand, par la
multiplicité des livres et des journaux, nous
inondons les esprits d'idées de tous ordres,
avons-nous bien calculé l'ébranlement produit
dans les âmes par cette exagération de jour en

jour plus forcenée de la vie consciente? Tel est
le problème que Flaubert se trouve avoir posé
sous plusieurs formes saisissantes, — depuis
Madame Bovary et *l'Éducation*, où il étudie
deux cas très curieux d'intoxication littéraire,
jusqu'à *Bouvard et Pécuchet*, cette bouffonnerie philosophique où il analyse, comme au mi-
croscope, les ravages accomplis par la science
sur deux têtes que rien n'a préparées à recevoir
la douche formidable de toutes les idées nouvelles. Problème essentiel, s'il en fut, car de sa
solution dépend l'avenir même de ce que nous
sommes habitués à considérer comme l'œuvre
des siècles! Il est certain que si la pensée n'est
pas un pouvoir toujours meurtrier, elle n'est
pas non plus un pouvoir toujours bienfaisant,
par cela seul qu'elle situe l'homme dans une
indépendance relative et fait de lui « un empire dans un empire, » suivant la tormule célèbre de Spinoza. L'homme qui pense, en tant
qu'il pense, peut s'opposer à la nature, puisqu'il peut se former des choses une idée qui le
mette en conflit avec elle. Or les choses obéis-
sent à des lois nécessaires, et toute erreur au
sujet de ces lois devient un principe de souffrance pour celui qui la commet. La science, ob-

jectera-t-on, se charge de rendre ces erreurs, et les souffrances qui en résultent, chaque jour plus rares; mais a-t-elle trouvé, trouvera-t-elle le moyen d'empêcher l'usure physiologique, l'usure du sentiment et l'usure de la volonté, que tout exercice trop intense de la pensée risque de produire?

L'usure physiologique d'abord? Elle se manifeste par les déformations du type humain qui se rencontrent à chaque pas dans les grandes villes. L'homme moderne, tel que nous le voyons aller et venir sur les boulevards de Paris porte dans ses membres plus grêles, dans la physionomie trop expressive de son visage, dans le regard trop aigu de ses yeux, la trace évidente d'un sang appauvri, d'une énergie musculaire diminuée, d'un nervosisme exagéré. Le moraliste reconnaît là l'œuvre du vice. Mais souvent le vice est le produit de la sensation combinée avec la pensée, interprétée par elle, et amplifiée jusqu'à absorber dans des minutes d'égarement toute la substance de la vie animale. — L'usure du sentiment par la pensée s'accomplit, elle aussi, de façons diverses. Tantôt c'est la conception d'un idéal raffiné qui crée la passion. Car si le vice est la

sensation magnifiée par la pensée, la passion
résulte d'une combinaison entre le sentiment
et la pensée. Et la passion précipite l'homme
à d'étranges et dangereux excès qui le laissent
incapable d'un développement complet de son
être... Tantôt c'est l'habitude acharnée de l'a-
nalyse qui empêche le sourd travail de l'inconscience dans notre cœur et tarit la sensibilité comme à sa source. — L'usure de la
volonté achève enfin l'œuvre destructive, et ici
les maladies encore non classées pullulent re-
doutablement. L'abondance des points de vue,
cette richesse de l'intelligence, est la ruine de
la volonté, car elle produit le dilettantisme et
l'impuissance énervée des êtres trop compré-
hensifs. Ou bien l'éducation incomplète de
l'intelligence conduit le demi-savant à des ré-
solutions aussi infécondes que celles de Bouvard et de Pécuchet, en proie à la fièvre de
l'instruction inachevée. Ou bien encore l'abus
du travail critique amène celui qui s'y est abandonné à ne plus vouloir, parce que le charme
de l'illusion, qui seul fait agir, s'en est allé, et
que l'inutilité finale de tous les efforts appa-
raissant, aucun but ne tente plus l'âme dégoûtée qui se répète le mot de l'Ecclésiaste dans

l'amertume d'un renoncement sans résignation... Et quand ces différents cas ne seraient
que des exceptions, ne faudrait-il pas considérer que la pensée qui peut les faire naître est
comme un de ces périlleux agents chimiques,
d'un maniement nécessaire sans doute, mais
qui exige d'infinies précautions ?

Ces précautions, notre âge moderne les
ignore, persuadé qu'il est que l'homme vit seulement d'intelligence, et il joue avec la pensée
comme un enfant avec un poison. Je crois entendre, dans les livres de cet intellectuel s'il en
fut qui a écrit la *Tentation*, la sourde plainte,
l'obscur sanglot d'une victime de ce jeu cruel
de notre âge. Une lamentation continue s'élève
de son œuvre, racontant les décombres dont
la Pensée a jonché son cœur et sa volonté.
Il ne connaît plus l'amour, l'effusion heureuse
et comblée, le mol abandon de l'espérance ; il
ne connaît plus la règle stricte, la sérénité des
obéissances morales ou religieuses. La solitude
autour de lui s'épaissit plus dense. Et il évoque
le troupeau des victimes comme lui de la cruelle
déesse : la vierge de Carthage qui a trop *pensé*
à Tanit, l'anachorète de la Thébaïde qui a trop
pensé à son Christ, la femme du pauvre mé-

decin qui a trop *pensé* au bonheur, le jeune
homme de la classe bourgeoise qui a trop *pensé*
à ses propres émotions, les deux employés de
bureau qui ont trop *pensé* à mille théories ;
et fatigué de toujours se regarder lui-même,
épuisé par une continuelle et suraiguë conscience de sa personne, je l'entends qui jette ce
cri furieux par lequel s'achève son plus mystique ouvrage et le préféré : « J'ai envie de vo-
ler, de nager, de beugler, d'aboyer, de hurler.
Je voudrais avoir des ailes, une carapace, une
écorce, souffler de la fumée, porter une trompe,
tordre mon corps, me diviser partout, être en
tout, m'émaner avec les odeurs, me développer comme les plantes, couler comme l'eau,
vibrer comme le son, briller comme la lumière,
me blottir sous toutes les formes, pénétrer
chaque atome, descendre jusqu'au fond de la
nature, — *être la matière!* » Être la matière!
Et nous voici revenus au rêve du vieux Basi-
lide, qui avait jadis été celui de toute l'Inde :
« Un gémissement universel de la nature, un
sentiment mélancolique de l'univers, appelle
le repos final qui consistera en une inconscience
générale des individus au sein de Dieu et dans
l'extinction absolue de tout désir... »

III

THÉORIES D'ART

A cette conviction de l'irréparable misère de la vie, — qui n'est pas une nouveauté dans l'histoire des idées, — une seule doctrine correspond, celle du renoncement volontaire. La véritable sagesse, disait Çakya-Mouni, voici combien de siècles, consiste « dans la perception du néant de toutes choses et dans le désir de devenir néant, d'être anéanti d'un souffle, d'entrer dans le Nirvâna[1]. » Et si Flaubert eût poussé jusqu'à l'extrêmité de leur logique les principes de son pessimisme, c'est en effet à cette bienfaisante renonciation prêchée par le Bouddha qu'il eût abouti. Mais en présence de la complexité d'un homme moderne, toute logique a bientôt fait de perdre ses droits. Cet homme moderne, en qui se résument tant

1. J'extrais cette phrase du livre de M. James SULLY sur le *Pessimisme* (histoire et critique), dont une traduction a paru a la librairie Germer-Baillière. On trouvera là une discussion, très lucide et très renseignée, de toutes les questions de cet ordre.

d'hérédités contradictoires, est la démonstration vivante de la théorie psychologique qui
considère notre « moi » comme un faisceau
de phénomènes sans cesse en train de se faire
et de se défaire, si bien que l'unité apparente
de notre existence morale se résout en une succession de personnes multiples, hétérogènes,
parfois différentes les unes des autres, jusqu'à
se combattre violemment. Ce point de vue permet d'admettre, sans la trop condamner, l'in-
conséquence avec laquelle Flaubert fut en
même temps un des plus déterminés nihilistes
et un des plus laborieux ouvriers de lettres de
notre époque. On n'est pas impunément le fils
d'une race optimiste et qui a pris l'habitude de
travailler avec vigueur. Un philosophe rai-
sonne en nous qui démontre l'inanité de l'espérance et de l'effort, mais notre cœur bat et
projette dans nos artères un sang tout chargé
d'atomes énergiques, transmis par les ancêtres ; et il nous est interdit de nous asseoir
comme les fakirs de la bienheureuse pénin-
sule dans l'immobilité enfin possédée, dans
l'affranchissement enfin inattaquable, que ne
tourmentera plus l'aiguillon du mensonger désir. C'est ainsi que Flaubert fut contraint d'a-

gir et d'agir beaucoup. On sait qu'il est mort à
la peine, et que l'apoplexie, en le frappant, lui
fit seule tomber la plume de la main. Le sens
de son action, toute littéraire d'ailleurs, —
mais lutter contre les mots n'est-ce pas lutter
encore et combien âprement ? — demeure, il
est vrai, très obscur, lorsqu'on ne se rend pas
compte des arrière-fonds de nature que j'ai
essayé de marquer. Certes, chez lui comme
chez tout artiste puissant, il y a une grande
part d'inconscience qu'il serait chimérique de
prétendre déterminer. Ce qui était conscient et
réfléchi se condensait en quelques théories d'art
et en quelques procédés de composition. Mais
précisément ces théories ont formé des disciples, ces procédés ont rencontré des fidèles, —
et à travers cette initiation de rhétorique, une
initiation intellectuelle et sentimentale s'est accomplie, qu'il faut caractériser pour que cette
étude sur le rôle psychologique de l'auteur de
Madame Bovary ne soit pas trop incomplète.

Considéré d'après l'ensemble de son œuvre,
Flaubert a sa place parmi les esprits qui dé-
daignent toute influence pratique et sociale de
leurs compositions. C'est l'école désignée depuis longtemps sous le nom d'école de l'art

pour l'art. Il n'admettait pas qu'une création esthétique eût d'autre but qu'elle-même et que sa beauté intime. Il ne pouvait pas penser autrement. Quand bien même l'horreur du monde moderne ne l'eût pas précipité loin de toute tendance utilitaire, quand bien même encore son pessimisme ne l'eût pas rendu rebelle à toute notion de progrès, même momentané, ses réflexions sur la méthode des sciences l'eussent préservé des erreurs de la littérature démonstrative. « L'art, a-t-il écrit, ayant sa propre raison en lui-même, ne doit pas être considéré comme un moyen. Malgré tout le génie que l'on mettra dans le développement de telle fable prise pour exemple, une autre fable pourra servir de preuve contraire, car les dénouements ne sont pas des conclusions. *D'un cas particulier il ne faut rien induire de général, et les gens qui se croient par là progressifs vont à l'encontre de la science moderne, laquelle exige qu'on amasse beaucoup de faits avant d'établir une loi...* » Je ne sache pas qu'aucun écrivain ait plus justement et plus profondément formulé la raison philosophique de l'indépendance des lettres. Mais beaucoup ont senti de même, depuis le divin Virgile, ce contempla-

teur, jusqu'à Théophile Gautier, cet olympien.
C'est dans des thèses plus circonscrites à des
points de détail techniques qu'il convient de
chercher la marque propre de Flaubert. Entre
ces thèses, j'en crois apercevoir deux, sinon
tout à fait nouvelles, au moins très renouve-
lées, qu'il a soutenues toute sa vie et imposées
à ses disciples, je veux parler de sa façon de
comprendre la composition des caractères dans
le roman, et de sa façon de comprendre le type
idéal du style.

Comme j'ai dû l'indiquer en passant, parmi
les contradictions dont souffrit Flaubert, une
des plus pénibles fut celle qui faisait se rencontrer en lui, et se combattre, deux personnages antagonistes : un poète romantique et un
savant. De tels conflits amènent d'ordinaire la
diminution progressive de l'un des deux
hommes, puis sa défaite définitive, et son asser-
vissement, sinon sa mort. C'est ainsi qu'il y
eut, dans Sainte-Beuve encore tout jeune, la
présence simultanée d'un poète et d'un analyste,
puis il ne resta que l'analyste, parce que Sainte-
Beuve, dupe en cela de l'opinion française,
toujours disposée à parquer les esprits dans
une spécialité, n'eut pas la force de persévérer.

Il avait commencé de créer une poésie nouvelle
où se fondaient ses deux natures. L'inintelligence et la malveillance de ses contemporains le
découragèrent. Flaubert, qui vécut plus seul et
qui eut la sagesse de cacher ses années d'apprentissage, parvint à concilier son romantisme et
sa science dans la manière dont il exposa et
développa les intérieurs d'âme de ses personnages. Avec la science et ses données actuelles
sur l'esprit, il considéra qu'une tête humaine
est une chambre noire où passent et repassent
des images de tous ordres : images des milieux
jadis traversés qui se représentent avec une
portion de leur forme et de leur couleur ;
images des émotions jadis ressenties qui se
représentent avec une portion de leur délice
ou de leur amertume. Il s'établit une sorte de
lutte pour la vie entre ces représentations
diverses ou *idées*, qui se combattent et s'asso-
cient, se détruisent et se mélangent, fournissent
matière à notre sentiment du passé, élaborent
nos rêves de l'avenir, déterminent nos volitions.
Pour Flaubert, comme pour les Anglais partisans exclusifs de l'association des idées,
décomposer scientifiquement le travail d'une
tête humaine, c'est analyser ces images qui

affluent en elle, démêler celles qui reviennent habituellement et la marche dans laquelle elles reviennent.

Les auteurs des monographies psychologiques procèdent ainsi, et l'auteur de *Madame Bovary* procède comme eux : ses personnages sont des associations d'idées qui marchent. Un coup, sinon de génie, au moins d'un talent extraordinaire, fut de comprendre que les procédés romantiques étaient un merveilleux outil de cette conception psychologique. La langue des romantiques n'a-t-elle pas acquis, sous la prépondérance du génie verbal de Victor Hugo, des qualités de relief incomparables? N'est-elle pas devenue, avec Théophile Gautier, capable de rivaliser la couleur de la peinture et la plastique de la sculpture ? Pourquoi ne pas employer cette prose de sensations presque vivantes à peindre les images qui hantent un cerveau? Et c'est ainsi que Flaubert inventa le procédé d'art qui fit de l'apparition de *Madame Bovary* un événement littéraire d'une importance capitale. Les analystes, comme M. Taine, pouvaient reconnaître leur théorie de l'âme humaine mise en œuvre avec une précision parfaite. Le « moi » des person-

nages était bien « cette collection de petits faits »
dont parlait le philosophe. Et ces petits faits
étaient montrés avec une magie de prose où les
plus habiles stylistes du temps pouvaient
reconnaître leur facture. Un exemple rendra
perceptible cette double valeur d'analyse et de
concrétion; je le prends au hasard dans *Madame Bovary* (première partie, chapitre VIII) :
« Emma songeait quelquefois que c'était là
pourtant les plus beaux jours de sa vie, la lune
de miel, comme on disait. Pour en goûter la
douceur, il eût fallu, sans doute, s'en aller vers
ces pays à noms sonores, où les lendemains de
mariage ont de plus suaves paresses. *Dans
des chaises de poste, sous des stores de soie
bleue, on monte au pas des routes escarpées,
écoutant la chanson du postillon qui se répète
dans la montagne avec les clochettes des chè-
vres et le bruit sourd de la cascade...»* Voyez-
vous comme l'image se fixe à l'aide d'un
procédé que vous retrouvez dans *Atala* ainsi
que dans *Mademoiselle de Maupin;* mais
comme cette image en même temps est un petit
fait psychologique, comme elle exprime une
minute d'âme et n'est pas simplement montrée
pour le plaisir de la phrase sonore et coloriée ?

Je citerai encore les deux pages au chapitre XII
de la seconde partie de ce même roman, où
l'auteur raconte les associations d'idées contraires qui traversent la pensée de Charles et
celle d'Emma, tandis qu'ils sont pourtant
couchés côte à côte : « Charles croyait entendre
l'haleine légère de son enfant ; elle allait grandir maintenant. Chaque saison ouvrirait un
progrès... » « Au galop de quatre chevaux,
Emma était emportée vers un pays d'où ils ne
reviendraient jamais... » C'est le chef-d'œuvre
de la méthode inaugurée par Flaubert. Le
couplet descriptif est filé avec une science de la
langue poétique vraiment délicieuse, et chaque
image évoquée est un trait de caractère du
personnage qu'elle vient assaillir.

L'ingéniosité de cette méthode a fait sa fortune. Il est curieux de voir comment cette influence de rhétorique se trouve être devenue,
ainsi que je l'indiquais tout à l'heure, une influence de vie morale. En considérant la tête
humaine comme une machine représentative,
Flaubert avait bien observé que cette représentation cérébrale ne s'applique pas seulement
aux images du monde extérieur telles que nous
les fournissent nos différents sens. Un monde

intérieur s'agite en nous : idées, émotions, volitions, qui nous suggère des images d'un ordre
tout à fait distinct de l'autre. Si nous fermons
les yeux et que nous songions à quelque événement passé, à un adieu, par exemple, des détails tout physiques ressusciteront dans notre
souvenir : la ligne d'un paysage, une intona-
tion de voix, un regard, un geste, — et à la
même minute le détail surgira des sentiments
que nous avons éprouvés dans ce paysage, à
écouter cette voix, à regarder ce regard. Il y a
donc deux groupes bien divers d'images, et
deux sortes correspondantes d'imagination ; la
plupart des esprits ne sont pas également aptes
à évoquer ces deux groupes d'images et ne pos-
sèdent ces deux sortes d'imagination qu'à des
degrés différents. Flaubert possédait évidemment l'imagination du monde extérieur d'une
façon très remarquable, et l'imagination du
monde intérieur était chez lui moins puissante.
Il racontait qu'au moment de décrire un horizon, un jardin, une chambre, l'abondance des
détails visibles qui ressuscitaient dans sa mémoire était si considérable qu'il lui fallait un
violent effort pour choisir. Aussi ses personnages sont-ils doués de cette imagination-là

plus que de l'autre. Mais, chez Flaubert, l'observateur profond corrigeait le visionnaire, et il avait soin de ne pas négliger dans le développement des caractères les images du monde intérieur. Seulement il paraît les avoir plutôt trouvées par l'effort de sa logique que par le don de sa nature. Il est arrivé cependant que les romanciers soumis à son influence et partisans de sa méthode ont exagéré le défaut du Maître. Ils ont méconnu l'existence u des dex sortes d'imaginations, et au lieu de constituer leurs personnages par une double série de petits faits, ils ont presque uniquement peint ces personnages comme des êtres d'imagination physique. C'est ainsi que, s'appliquant surtout à la transcription des milieux, ils ont supprimé de plus en plus de leurs livres l'étude de la volonté. Ils montrent la créature humaine dominée par les choses ambiantes et quasi incapable de réaction personnelle. De là dérive ce fatalisme accablé qui est la philosophie de toute l'école des romanciers actuels. De là ces tableaux d'une humanité à la fois très réelle et très mutilée. De là cette renonciation de plus en plus marquée aux vastes espoirs, aux généreuses fièvres, à tout ce que le terme d'Idéal

résume de croyances dans notre énergie intime. Et, comme notre époque est atteinte
d'une maladie de la volonté, de là cette vogue
d'une littérature dont la psychologie convient
si bien aux affaiblissements progressifs du ressort intérieur. Lentement, et dans beaucoup
d'esprits soumis à l'éducation des romans nouveaux, s'élabore la conception que l'effort est
inutile et le pouvoir des causes étrangères irré-
sistible. Or, comme dans l'ordre de la vie morale nous valons en capacité d'énergie juste autant que nous croyons valoir, lentement aussi
chez ces mêmes personnes la volonté se désa-
grège, — et les héritiers, par Flaubert, de ce
romantisme qui a trop exigé de la vie, sont les
plus actifs ouvriers de cette désagrégation de
la volonté. Ironie singulière de la destinée,
qui conduit les générations à faire précisément
la besogne contraire à celle que leurs chefs
s'étaient proposée !

Le désir d'accorder le romantique et le savant qui se battaient en lui avait conduit Flaubert à une composition spéciale des caractères;
l'invincible désir d'étreindre une réalité définitive au milieu des ruines dont son âme était
jonchée, le conduisit à une théorie particulière

du style. Ce nihiliste était un affamé d'absolu. Ne pouvant rencontrer cet absolu, ni hors de lui, dans les choses qu'entraîne un éternel écoulement, ni en lui-même puisqu'il se sentait, comme l'univers, en proie à l'implacable loi du devenir, il plaça cet absolu tout à la fois hors de lui-même et hors des choses, dans la Phrase Écrite. Il lui parut qu'une phrase bien faite présente une sorte de caractère indestructible et qu'elle existe d'une existence supérieure à l'universelle caducité. Il est, en effet, des rapports de mots d'une si parfaite justesse qu'il serait impossible de les améliorer. De tels rapports, si l'artiste en trouve quelques-uns, lui procurent une plénitude de bonheur intellectuel comparable au bonheur que l'évidence procure aux mathématiciens. L'angoisse de l'esprit se détend une minute dans cette contemplation, disons mieux, dans cette incarnation, car l'esprit n'habite-t-il pas la phrase qu'il est parvenu à créer? De tels frissons de toute notre nature intelligente sont si pénétrants qu'ils consolent du mal d'exister. Flaubert poursuivit ce frisson sublime, toute sa vie durant, et, comme il arrive, devenu de plus en plus difficile à contenter, cherchant toujours la

mystérieuse loi de la création de la Belle
Phrase, il s'infligea ces agonies de travail que
tous les anecdotiers ont racontées. Il pre-
nait et reprenait ses lignes, infatigablement, se
levait la nuit pour effacer un mot, s'immobili·
sait sur un adjectif. La noble manie de la perfection le tyrannisait. Il lui devra de durer
autant que notre langue, qu'il a maniée comme
ces incomparables ouvriers de prose : Rabe-
lais, Montaigne, Bossuet, Pascal, La Bruyère
et Chateaubriand.

Toute la doctrine de Flaubert sur le style est
renfermée dans cette formule de Buffon qu'il
cite quelque part avec admiration : « Toutes
les beautés intellectuelles qui se trouvent dans
un beau style, tous les rapports dont il est
composé, sont autant de vérités aussi utiles, et
peut-être plus précieuses pour l'esprit public,
que celles qui peuvent faire le fond du sujet...»
Cela revient à dire que la distinction usuelle
entre le fond et la forme est une erreur d'analyse. L'idée n'est pas derrière la phrase comme
un objet derrière une vitre; elle ne fait qu'un
avec la phrase, puisqu'il est impossible de concevoir une phrase qui n'exprime aucune idée,
ou une idée qui soit pensée sans aucun mot.

Dans l'état actuel de notre développement de civilisation, penser c'est prononcer une phrase intérieure, et les qualités de la pensée font les qualités de cette phrase intérieure. Écrire cette phrase avec toutes ses qualités, de façon que tout le travail silencieux de la pensée soit rendu perceptible et comme concret, tel est, me semble-t-il, le but que chaque littérateur de talent se propose et que Flaubert se proposait. Comme il était physiologiste, il savait que le fonctionnement cérébral influe sur l'organisme tout entier, et c'est pour cela qu'il voulait qu'une phrase pût se réciter à haute voix : « Les phrases mal faites, disait-il, ne résistent pas à cette épreuve; *elles oppressent la poitrine, gênent les battements du cœur, et se trouvent ainsi en dehors des conditions de la vie.* » Il fondait donc sa théorie de la cadence sur un accord entre notre personne physique et notre personne morale, comme il fondait sa théorie du choix des mots et de leur place sur une perception très nette de la psychologie du langage. Puisque le mot et l'idée sont consubstantiels, et que penser c'est parler, il y a dans chaque vocable du dictionnaire le raccourci d'un grand travail organique du cerveau. Des mots représentent une sensibilité délicate, d'autres une sensibilité brutale. Il en est qui ont de la race et d'autres qui sont roturiers. Et non seulement ils existent et vivent, chacun à part, mais, une fois placés les uns à côté des autres, ils revêtent une valeur de position, parce qu'ils agissent les uns sur les autres, comme les couleurs dans un tableau. Convaincu de ces principes, Flaubert s'acharnait à les appliquer dans toute leur rigueur; essayant le rythme de ses périodes sur le régistre de sa propre voix, haletant à la recherche du terme sans synonyme qui est le corps vivant, le corps unique de l'Idée, évitant les heurts de syllabes qui déforment la physionomie du mot, réduisant à leur stricte nécessité les vocables de syntaxe qui surchargent les vocables essentiels de la phrase, comme une monture trop forte surcharge ses diamants. Les auxiliaires « avoir » et « être », le verbe « faire », les conjonctions encombrantes, — toute cette pouillerie de notre prose française, — le désespéraient. Et comme, d'après sa doctrine, il travaillait sa prose non par le dehors comme un mosaïste qui incruste ses pierres, mais par le dedans comme une branche qui développe ses feuilles, — écrire était pour lui, ainsi qu'il le disait quelquefois, une sorcellerie.

N'importe, son exemple aura reculé de beaucoup d'années le triomphe de la barbarie qui menace d'envahir aujourd'hui la langue. Il aura imposé aux écrivains un souci de style qui ne s'en ira pas tout de suite, et les lettrés lui doivent une reconnaissance impérissable d'avoir retardé, autant qu'il fut en lui, la dégénérescence de cet art de la Prose française, héritage magnifique de la grande civilisation romaine! Le jour où cet art disparaîtrait, la conscience française serait bien malade, car dans l'ordre de l'intelligence elle aurait perdu sa plus indiscutable suprématie. Les langues se parlent sur toute la surface du monde; il est probable qu'il ne s'écrit qu'une seule prose, si l'on prend ce mot dans le sens lapidaire et définitif où pouvait l'entendre un Tite-Live ou un Salluste; cette prose, c'est la nôtre. Inférieurs dans la poésie aux subtils et divins poètes anglais, initiés à la musique par les maîtres allemands, et aux arts plastiques par nos voisins du midi, nous sommes les rois absolus de cette forme de la Phrase Écrite. Et Gustave

Flaubert, ce malade de littérature, aura du moins gagné à sa maladie d'avoir été, sa vie durant, un dépositaire de cette royauté, — et un dépositaire qui n'a pas abdiqué.

IV

M. TAINE

M. TAINE

Chaque avènement d'une renommée littéraire nouvelle se pose comme une énigme devant l'historien des esprits, — énigme parfois
simple, et c'est le cas si l'œuvre de l'écrivain
applaudi s'adapte aux besoins de l'époque et
se présente comme une réponse à une vague et
flottante question qui tourmente les consciences.
Il ne faut pas un puissant effort d'analyse pour
comprendre qu'en pleine ferveur de résurrec-
tion religieuse le *Génie du Christianisme* ait
valu, du coup, la gloire à son auteur, et que
l'Angleterre de 1812, héroïque et troublée
comme elle était, se soit reconnue dans la mé-

lancolie hautaine de *Childe Harold* [1]. Parfois
l'énigme se complique des volte-face singulières que l'opinion accomplit à l'égard de ses
favoris. Subitement et sans qu'il ait rien fait
d'autre que de poursuivre ses premiers travaux
avec une évidente rigueur de logique, l'écrivain
en vogue se trouve avoir déplu à ceux qui l'ac-
clamaient d'abord ; les qualités de son talent
lui deviennent un crime, et ce par quoi il avait
grandi l'accable. Ç'a été l'histoire de bien
des personnages célèbres de tous les temps.
C'est aujourd'hui l'histoire de M. Taine. Celui-
ci a eu sur ses pareils la supériorité de ne pas
se plaindre, et je crois bien que la seule ligne
où il ait révélé l'inévitable froissement intérieur
est celle-ci, que je transcris de la préface de l'un
de ses derniers volumes : « J'ai encore le regret
de prévoir que cet ouvrage déplaira à beaucoup
de mes compatriotes... » Jusqu'à ces dernières
années, en effet, l'auteur de la *Littérature
anglaise* était rangé par la majorité de ses lecteurs dans ce que l'on pourrait appeler le
groupe d'extrême gauche de la pensée contem-

---

1. Voir dans les Mémoires de Thomas Moore, l'ingénieuse exposition des causes de ce succès *électrique* dont
Byron disait : « Je me suis réveillé fameux. »

poraine. Il avait connu tous les déboires d'une
telle position, et aussi tous ses avantages. L'é-
vêque d'Orléans avait désigné à la défiance des
pères de famille le philosophe coupable d'avoir
écrit cette phrase hardie : « Que les faits soient
physiques ou moraux, il n'importe, ils ont toujours des causes. Il y en a pour l'ambition,
pour le courage, pour la véracité, comme pour
la disgestion, pour le mouvement musculaire,
pour la chaleur animale. Le vice et la vertu
sont des produits comme le vitriol et comme le
sucre... » phrase saisissante et que le chef futur
du naturalisme, alors à ses débuts, M. Émile
Zola, arborait, comme une devise et comme un
programme, à la tête d'un roman qui fit scandale. Car les jeunes gens de la génération montante professaient, pour l'audacieux briseur des
idoles de la métaphysique officielle, un enthousiasme de disciples, où le frémissement
d'une initiation dangereuse se mélangeait au
juste respect pour le colossal effort du travailleur. Je me souviens qu'au lendemain de la
guerre. étudiants à peine échappés du collège,
nous nous pressions avec un battement de
cœur dans la vaste salle de l'École des Beaux-
Arts, où M. Taine enseignait pendant les

quatre mois d'hiver. La fresque de Paul Dela-
roche développait sur le mur du fond ses personnages convenus, mais majestueux. Nous
nous disions que la courtisane Maryx, qui fut
l'amie de Gautier et de Baudelaire, avait posé
au peintre sa *Gloire distribuant des couronnes*.
Le maître parlait de sa voix un peu mono-
tone et qui timbrait d'un vague accent étranger
les mots des petites phrases ; et même cette
monotonie, ces gestes rares, cette physionomie
absorbée, cette préoccupation de ne pas sura-
jouter à l'éloquence réelle des documents l'éloquence factice de la mise en scène, — tous ces
petits détails achevaient de nous séduire. Cet
homme, si modeste qu'il semblait ne pas se
douter de sa renommée européenne, et si simple
qu'il semblait ne se soucier que de bien servir la
vérité, devenait pour nous l'apôtre de la Foi
Nouvelle. Celui-là du moins n'avait jamais sacrifié sur l'autel des doctrines officielles. Celui-
là n'avait jamais menti. C'était bien sa pensée
qu'il nous apportait dans ces petites phrases si
courtes et si pleines, — sa pensée, profondément, invinciblement sincère...

Les années ont passé depuis lors, — oh! pas
beaucoup d'années, et voici que M. Taine

compte des fidèles parmi ceux qui marchaient
à la suite de Mᵍʳ Dupanloup, tandis que ses
partisans presque fanatiques d'autrefois l'accu-
sent d'avoir renié les convictions de leurs com-
muns combats. Les trois volumes de l'*Histoire
des Origines de la France contemporaine* ont
paru, et les partis politiques se sont jetés sur
cette proie. Pour les uns, l'iconoclaste est passé
à l'état d'un Joseph de Maistre de l'histoire
documentaire, sorti des archives avec la magique épée qui abattra la Révolution. Les autres, oubliant de quel incorruptible écrivain ils
jugent le labeur, attribuent aux causes les plus
mesquines un pessimisme qui n'est qu'une
conséquence, mais où ils veulent voir une contradiction. Je resterai fidèle au plan primitif de
cette série d'études, si je montre comment une
même sensibilité, une même doctrine, et une
même méthode, ont conduit M. Taine à heurter
violemment certaines aspirations de l'Ame
Française contemporaine, après l'avoir conduit
à en flatter involontairement certaines autres. Il
y a un mot admirable de Bossuet sur la justice :
« Elle est, dit-il, une espèce de martyre... » La
sincérité implacable de la pensée est parfois
aussi cette espèce de martyre.

I

LA SENSIBILITÉ PHILOSOPHIQUE

J'imagine qu'un lecteur de bonne foi ait terminé l'étude des quelque vingt volumes qui
composent l'œuvre actuellement publiée de
M. Taine, et qu'il doive résumer son impression par un de ces termes généraux qui classent
un esprit, en marquant à la fois sa qualité maîtresse et sa tendance favorite. Ce résumé sera
tout d'abord rendu malaisé par la variété des
genres où l'écrivain a excellé, mais qu'il a
transformés par la force propre de son talent.
M. Taine ne saurait être appelé très justement
un critique, bien qu'il ait donné des essais de
premier ordre, celui sur Balzac par exemple et
celui sur Saint-Simon, chefs-d'œuvre d'analyse aiguë et d'exposition lucide. Il suffit de
comparer ces pages à celles que Sainte-Beuve
a écrites sur les mêmes sujets, pour constater
la différence entre les procédés d'anatomie
psychologique d'un chercheur qui voit dans la
littérature un signe, et la méthode proprement

critique d'un juge au regard duquel la production littéraire est un fait souverainement intéressant par lui-même. Sainte-Beuve abonde en
distinctions, volontiers en subtilités, afin de
mieux noter jusqu'à la plus fine nuance. Il
multiplie les anecdotes afin de multiplier les
points de vue. C'est l'individuel et le particulier qui le préoccupe, et, par-dessus cette minu-
tieuse investigation il fait planer un certain
Idéal de règle esthétique, grâce auquel il conclut et nous contraint de conclure. M. Taine,
au contraire, emploie tout son effort à simpli-
fier. Le personnage qu'il considère n'est pour
lui qu'un prétexte à démonstration. Sa grande
affaire est d'établir à cet endroit quelque vérité
très générale et d'une importance qu'il estime
très supérieure. — M. Taine n'est pas davantage un historien, bien qu'il ait signé d'admi-
rables fragments d'histoire. Il n'a pas cédé, en
les composant, à cet impérieux besoin de ré-
surrection du passé qui saisit un Michelet au
seul contact des papiers jaunis, — papiers anciens dont l'écriture a pâli, papiers muets et
que manièrent des doigts aujourd'hui décom-
posés. Pour M. Taine, un chapitre d'histoire
est comme le moellon d'un édifice au sommet

duquel se dressera une vérité générale encore, exhaussée jusqu'à la pleine lumière de l'évidence. Michelet montrait pour le plaisir de montrer; M. Taine, lui, peut montrer avec un relief aussi puissant, mais c'est pour le plaisir de démontrer. — M. Taine n'est pas davantage un pur artiste, bien que nous ayons de lui ces livres de description colorée où il a noté les souvenirs de ses voyages en Italie, en Angleterre et aux Pyrénées. S'il a parcouru les paysages des montagnes et des plaines, des vastes cités vivantes et des villes mortes, ce n'a pas été, comme Théophile Gautier, pour étonner ses yeux par des aspects nouveaux de l'univers changeant, et invité par la voix qui murmure à notre imagination nostalgique :

Il est au monde, il est des spectacles sublimes,
Des royaumes qu'on voit en gravissant les cimes
De noirs Escurials, mystérieux granits,
Et de bleus Océans, visibles infinis...

Il existe une hypothèse formulée par Montesquieu, et développée par Stendhal, sur les relations de l'âme humaine et de son milieu. La vérification de cette hypothèse flottait pour M. Taine dans les lointains horizons, et il est

parti pour nous rapporter un journal de voyage
qui, lui aussi, a pour objet l'établissement d'une
idée générale. — Essais de critique, travaux
d'histoire, livres de fantaisie, tout a servi une
passion dominatrice : la philosophie. M. Taine
n'a jamais été, ne sera jamais qu'un philosophe. Rarement l'unité d'une œuvre fut plus
forte et la spécialité d'une nature plus accusée.
Il faut décrire cette nature pour comprendre
cette œuvre, comme pour comprendre le génie
d'un peintre il faut décrire son œil. L'élément
de l'imagination primitive et originale une fois
donné, le reste suit nécessairement.

Les traductions diverses, ou élogieuses ou
hostiles, qui peuvent être données du mot philosophe se ramènent à la suivante : un esprit
philosophique est celui qui se forme sur les
choses des idées d'ensemble, c'est-à-dire des
idées qui représentent non plus tel ou tel fait
isolé, tel ou tel objet séparé, mais bien des sé-
ries entières de faits, des groupes entiers d'objets. Des exemples préciseront cette définition.
Quand un poète comme Molière ou comme
Shakespeare se propose de peindre une passion, telle que la jalousie, il aperçoit un certain
jaloux, Arnolphe ou bien Othello, personnage

vivant et concret qui va et vient parmi des
événements délimités, et, ce faisant, il obéit à
son organisation d'artiste. Quand un philosophe tout au contraire, comme Spinoza, se
propose d'étudier cette même passion, il aperçoit, non plus un cas particulier, mais la loi
commune qui gouverne tous les cas, et il exprime cette loi dans une formule capable d'être
appliquée à l'aventurier Maure Othello ainsi
qu'au bourgeois Parisien Arnolphe : « Figu-
rez-vous qu'un autre s'attache ce que vous
aimez avec le même lien d'affection qui vous
unissait à cet objet aimé ; vous haïrez cet objet
aimé en même temps que vous envierez votre
rival... » Et un commentaire suit, théorique,
placide et universel comme le développement
d'une proposition de géométrie. C'est proprement le travail du philosophe de rechercher
des lois de cette sorte, et d'élaborer des formules de cette espèce. A les poursuivre, son
imagination entre en branle. Cette formule,
en effet, vous paraît morte à vous, qui ne vous
remuez point parmi les abstractions comme
parmi des êtres. Pour le philosophe, elle est
vivante. Il contemple dans ce raccourci l'in-
nombrable file des faits spéciaux que la for-

mule commande, et le plaisir de cette contemplation est tellement vif que ceux qui l'ont goûté
y reviennent toujours, même à travers les
études en apparence les plus éloignées. Si les
hasards de la vocation ou de la destinée ont
fait du philosophe un peintre, il brisera le
moule trop étroit de son art afin d'y introduire
des idées générales, et il pratiquera la peinture
symbolique. Tel Chenavard ou Cornelius. S'il
est poète, le philosophe s'intéressera aux drames
obscurs qui se jouent dans les profondeurs de
la conscience entre le doute et le bésoin de
croire, et il écrira la *Justice*, comme M. Sully-
Prudhomme. Si le philosophe compose un roman, ce sera les *Affinités électives* ou *Wilhelm
Meister*, et la critique y trouvera matière à d'in-
terminables discussions, tant les théories s'y
accumulent et les aperçus systématiques. Mais
peu d'écrivains ont, plus que M. Taine, subi
la tyrannie de cette imagination singulière. C'est
elle qui le force à ne voir dans les magnifiques
fragments d'un grand prosateur, le Romain
Tite-Live, qu'une occasion de discuter un théorème de Spinoza ; elle qui le contraint à interpréter dans le sens d'une doctrine supérieure,
et les chefs-d'œuvre de tous les arts (*Philoso-*

vhie de l'art), et les élégances de la vie parisienne (*Graindorge*), et l'histoire de la littérature anglaise, et la Révolution. Elle est si im-
placablement souveraine, cette imagination,
qu'après lui avoir imposé sa méthode d'analyse, elle lui a imposé sa forme. Il n'existe
point, dans la littérature actuelle, de style plus
systématique, et dont tous les procédés tra-
duisent mieux les partis pris d'une pensée sûre
d'elle-même. Chaque période d'une de ces
fortes pages est un argument, chaque membre
de ces périodes une preuve, à l'appui d'une
thèse que le paragraphe tout entier soutient,
et ce paragraphe lui-même se lie étroitement
au chapitre, lequel se lie à l'ensemble, si bien
que, pareil à une pyramide, tout l'ouvrage con-
verge, depuis les plus minces molécules des
pierres des assises jusqu'au bloc du rocher de
la cime, vers une pointe suprême et qui attire
à elle la masse entière... Considérez les morceaux éclatants où le prosateur rivalise avec
la peinture par la couleur du détail et par la
saillie des contours. Même les épithètes cha-
toyantes, même les métaphores visionnaires
servent à illustrer et à rendre palpable quelque
vaste loi de l'esprit ou quelque vérité de l'his-

'oire. C'est ainsi qu'à l'occasion de La Fontaine, et pour faire toucher au doigt l'attache
qui unit la poésie du fabuliste au caractère de
l'horizon natal, M. Taine indique l'air de finesse
et d'agrément des plaines de la Champagne,
et comme cet air de finesse et d'agrément
devient perceptible ! « De minces rivières ser-
pentent parmi des bouquets d'aunes avec de
gracieux sourires. Une raie de peupliers soli-
taires au bout d'un champ grisâtre, un bouleau
frêle qui tremble dans une clairière de genêts,
l'éclair passager d'un ruisseau à travers les len-
tilles d'eau qui l'obstruent, la teinte délicate
dont l'éloignement revêt quelque bois écarté,
voilà les beautés de ce paysage... » Ainsi encore, à la fin d'une étude sur Suart Mill et
sur l'induction, l'architecture d'une ville d'Uni-
versité anglaise apparaît : « Une lumière jeune
se posait sur les dentelures des murailles, sur
les festons des arcades, sur le feuillage luisant
des lierres... » Vous croiriez lire la confidence
d'un artiste qui se réjouit dans ses sensations.
Tout de suite une nouvelle phrase surgit qui
résume en une observation psychologique le
sens tout entier de ces monuments et de ces
feuillages : « .. Des arbres énormes, vieux de

11.

quatre siècles, allongeaient leurs files régulières, et j'y trouvais de nouvelles traces de ce
bon sens pratique qui a accompli des révolutions sans commettre de ravages... » Il y aurait à citer par centaines des phrases semblables. Celles-ci suffisent pour nous permettre
de conclure qu'au regard de M. Taine, comme
au regard des philosophes de race, toute cette
immense nature, si complexe et touffue, n'est
qu'une matière à exploitation intellectuelle,
comme elle est pour le peintre matière à tableaux, et pour le poète matière à rêveries.

A chaque sorte d'imagination correspond
une sorte particulière de sensibilité. Nous ne
jouissons et nous ne souffrons que de ce que
nous sentons réel, et cela seul est réel pour
nous qui reparaît devant notre solitude, quand,
fermant les yeux et ramenant notre âme sur
elle-même, nous évoquons notre mirage personnel de l'univers. Sachant de quelle façon
un philosophe interprète la vie, nous savons
ce qu'il revoit intérieurement dans ses heures
de réflexion. Comme toute expérience se résout chez lui en quelques idées générales, ce
sont ces idées qui ressuscitent devant sa pensée
méditative. Partant, sa sensibilité à l'égard des

personnes et des choses est d'ordinaire médiocre, car ces personnes et ces choses existent
à peine pour lui. Il saura distinguer par contre d'innombrables nuances dans les idées; il
en goûtera la beauté propre et, si l'on peut dire,
technique, comme un peintre goûte la beauté
technique qui résulte de la juxtaposition de deux
couleurs, et un musicien celle que procure la
concomitance de deux sons. La sublimité
d'une large hypothèse ravira le philosophe,
la délicatesse d'une théorie l'enchantera. Ses
bonnes fortunes seront les découvertes d'ingé-
nieuses formules, et ses débauches les entiers
abandons aux ivresses de la fantaisie métaphysique. Il y a une plénitude de l'être qui se
rencontre seulement dans une complète harmonie entre nos facultés et nos actions. Un
frémissement de toute notre nature s'émeut
alors, qui exalte jusqu'à son énergie suprême
la conscience de notre vitalité. A ce point de
vue toutes les passions sont identiques, et le
philosophe, en poursuivant cette extase souveraine de son cerveau, est le frère du joueur
et du débauché, comme du héros et du martyr.
Et plus l'extase est dominatrice, plus l'homme
est puissant. Chez les philosophes de génie,

cette extase a été si intense qu'elle a bu toute
la sève intime, et qu'aucun goût n'a pu fleurir
à côté. La biographie de Kant et celle de Spinoza nous fournissent deux exemples incomparables de cette possession de tout un tempérament et de toute une âme par un plaisir
unique, exalté jusqu'au délice et amplifié jusqu'à la manie. Par delà les anecdotes bizarres,
on devine la magnificence d'une passion irré-
sistible qui a permis à l'homme de se créer un
univers dans l'univers, et de se mouvoir dans
ce domaine propre comme l'Énée de Virgile
dans sa nuée : « Et la déesse déploya autour
d'eux dans l'espace le manteau d'une vapeur,
— de crainte que quelqu'un ne pût les voir,
quelqu'un les toucher... »

Certes, les facultés de M. Taine sont trop
complexes, sa curiosité a été trop éveillée, pour
qu'il ait jamais, en ses heures de spéculation
les plus absorbées, abouti à cette solitude absolue de l'intelligence et du cœur. De même
pourtant que l'imagination philosophique est
la maîtresse pièce de son intelligence, de
même l'émotion philosophique est la maîtresse
pièce de sa sensibilité. Les passages abondent
dans ses livres où il fait confidence des pro-

fonds bonheurs de sa pensée. Ce sont même
les seules confidences qu'il ait jamais permises
à sa plume de savant désintéressé de sa propre
personne. Quand il parle de ses premières
études, c'est avec la mélancolie nostalgique
d'un amoureux qui songe aux premiers rendez-
vous : « J'ai lu Hegel, — dit-il quelque part,
— tous les jours, pendant une année entière,
en province ; il est probable que je ne retrou-
verai jamais des impressions égales à celles
qu'il m'a données... » Sainte-Beuve, lui, voué
à l'histoire naturelle des esprits par une vocation révélée dès ses années de jeunesse, n'a-t-il
pas écrit : « Il y eut à ce début des moments.
où je mettais tout mon avenir d'ambition et de
bonheur à lire un jour couramment Ésope,
seul, par un temps gris... » De pareilles lignes
sont la définition même d'une nature intellectuelle. M. Taine a laissé encore tomber cet
aveu: « Pour les gens d'imagination, à vingt
ans, la philosophie est une toute-puissante
maîtresse... On plane sur le monde, on re-
monte à l'origine des choses, on découvre le
mécanisme de l'esprit. Il semble que, du coup,
on se soit trouvé des ailes. Sur ces ailes nouvelles, on s'élance à travers l'histoire et la na-

ture. » Cette effusion lyrique fait comprendre
qu'il parle avec une sympathie si complaisante
de M. Pierre et de son ami, les deux métaphy-
siciens logés près du Jardin des Plantes « qui
ne vont point dans le monde, ne jouent pas au
whist, ne prennent point de tabac, ne font
point de collection; — ils aiment à raisonner... » S'il est aux Italiens, et qu'il voie s'ac-
couder sur le velours d'une loge une charmante enfant, toute rose et virginale dans une
robe idéalement bleue, il l'analyse, il discute,
il songe, il aperçoit à son sujet cinq ou six
grandes vérités de psychologie sociale, et il se
dit: « J'en ai tiré tout ce qu'elle valait... » Il
s'est mis lui-même en scène sous le masque
transparent du touriste Paul du *Voyage aux
Pyrénées*, philosophe aussi et qui prétend
que « les goûts comme le sien croissent avec
l'âge, et qu'en somme le sens le plus sensible,
le plus capable de plaisirs nouveaux et divers,
c'est le cerveau... » Dans les conseils qu'il
donne aux jeunes gens sous le masque non
moins transparent de Thomas Graindorge,
quelle félicité suprême leur recommande-t-il
de rechercher ? la « contemplation ». Entendez
par là cette Philosophie que Carlyle appelle si

profondément, dans son *Sartor resartus :* « *a
spiritual Picture of nature*... une peinture spi-
rituelle du monde. » La riche et prodigieuse
variété des phénomènes se résume en quelques lois qui sont comme les fioles d'opium,
mères du songe grandiose. On s'abandonne à
elles, et aussitôt « on cesse de voir et d'entendre un fragment de la vie : c'est le chœur
universel des vivants qu'on sent se réjouir et se
plaindre, c'est la grande âme dont nous sommes les pensées... » Spinoza, cette fois, n'aurait pas mieux dit, et l'on croirait lire un
commentaire de l'admirable cinquième livre de
l'*Éthique* sur « l'amour intellectuel de Dieu ».
Tant il est vrai qu'à des années de distance, et
malgré les diversités de l'éducation et du milieu, les mêmes passions s'échappent en mêmes cris d'éloquence et du même accent, et
presque avec les mêmes mots !

Pour une âme ainsi douée de la sensibilité
philosophique et de l'imagination qui lui correspond, la sincérité n'est plus même une
vertu, c'est un état coutumier et inévitable.
Calculer le retentissement de ses idées, elle ne
le peut pas. L'absorption profonde l'en empêche. Un véritable poète ne peut pas davantage

calculer l'effet que produiront ses vers, ni un
mathématicien la valeur d'application pratique
de ses formules. L'entraînement de la faculté
maîtresse est trop puissant, la jouissance que
procure l'exercice de cette faculté trop intense.
Stendhal a donné la raison de cette impossibilité où se trouve l'artiste de nature, comme
le savant, de réfléchir sur la portée sociale de
son travail: « ... Un homme comme Jean-
Jacques Rousseau n'a pas trop de dix-huit
heures par jour pour songer à tourner les
phrases de son *Émile*. Un homme qui veut
amasser quatre cent mille francs avec une
chose aussi ennuyeuse, au fond, que des livres
où il n'y a pas d'âme, n'a pas trop de dix-huit
heures par jour, pour trouver les moyens de
s'introduire dans les coteries en crédit... »
M. Taine, lui, n'a pas eu trop de dix-huit
heures par jour pour aménager ses théories, et
c'est pour cela qu'il n'a jamais trouvé le loisir
de mesurer les conséquences immédiates de
ces théories sous le point de vue du succès con-
temporain. C'est ainsi qu'il a brutalisé, dans
sa première jeunesse, les sentiments religieux
et moraux de beaucoup de ses compatriotes,
comme il brutalise aujourd'hui les sentiments

politiques de beaucoup d'autres, en s'en dou-
tant à peine, et à coup sûr sans s'inquiéter du
résultat de ces heurts de l'opinion : « Je fais
deux parts de moi-même, a·t-il déclaré quelque
part : l'homme ordinaire qui boit, qui mange,
qui fait ses affaires, qui évite d'être nuisible et
qui tâche d'être utile. Je laisse cet homme à la
porte. Qu'il ait des opinions, une conduite, des
chapeaux et des gants comme le public, cela
regarde le public. L'autre homme, à qui je
permets l'accès de la philosophie, ne sait pas
que ce public existe. Qu'on puisse tirer de la
vérité des effets utiles, il ne l'a jamais soup-
çonné... — Mais vous êtes marié, lui dit
Reid. — Moi? point du tout. Bon pour l'animal extérieur et que j'ai mis à la porte. —
Mais, lui dit M. Royer-Collard, vous allez
rendre les Français révolutionnaires. — Je
n'en sais rien. Est-ce qu'il y a des Français?...»
Comprenez-vous maintenant qu'il est injuste
de demander compte à un tel homme de la
place que ses convictions lui assignent dans la
mêlée des doctrines actuellement en lutte?
C'est vous qui lui imposez cette place, ce
n'est pas lui qui l'a choisie.

Une situation d'esprit un peu exceptionnelle

se paye toujours chèrement ; nous venons de voir la rançon de celle-ci. Mais elle a aussi ses avantages. Le plus incontestable est l'autorité. L'homme qui possède ce don de l'autorité peut devenir impopulaire, il peut être haï, calomnié. Il n'en garde pas moins ce prestige singulier, presque indéfinissable, qui ajoute un poids considérable à toute parole tombée de sa bouche, à tout écrit échappé de sa plume. Ce qui assure cette sorte de pouvoir au philosophe isolé dans son système, c'est précisément cet isolement et la qualité de certitude qu'il suppose. Nous vivons dans une époque d'effondrement religieux et métaphysique, où toutes les doctrines jonchent le sol. Non seulement nous n'avons plus, comme les gens du XVII° siècle, un *credo* général, régulateur de toutes les consciences et principe de tous les actes ; mais nous avons perdu aussi cette force de négation qui fut le *credo* à rebours du XVIII° siècle. Toutes les personnes qui, de près ou de loin, se rattachèrent au mouvement de combat dirigé par Voltaire eurent une certitude au moins, à savoir qu'ils combattaient l'erreur. Toute une foi inconsciente était enveloppée dans cette certitude-là. N'était-ce pas croire que la raison

est infaillible puisqu'un signe évident sépare ce
qui est raisonnable de ce qui ne l'est point?
Telle n'est plus la conviction de notre âge de
critique. Nous avons tant multiplié les points
de vue, si habilement raffiné les interprétations,
si patiemment cherché la genèse, partant la
légitimité, de toutes les doctrines, que nous en
sommes arrivés à penser qu'une âme de vérité
se dissimule dans les hypothèses les plus contradictoires sur la nature de l'homme et celle
de l'univers. Et comme, d'autre part, il n'est
pas d'hypothèse suprême qui concilie toutes les
autres et s'impose à l'intelligence dans son in-
tégrité, une anarchie d'un ordre unique s'est
établie parmi tous ceux qui réfléchissent. Un
scepticisme sans analogue dans l'histoire des
idées en dérive, — scepticisme dont M. Renan
est chez nous le plus extraordinaire représen-
tant. Ce mal de douter même de son doute entraîne avec lui un cortège d'infirmités que tous
connaissent : vacillation de la volonté, com-
promis sophistiques de la conscience, dilettantisme toujours à demi détaché et toujours indifférent, — toutes faiblesses qui nous rendent
plus enviables encore ceux qui ont fait, eux
aussi, le tour de bien des idées et qui n'ont pas

perdu les grandes vertus de jadis : solide énergie du caractère., invincible rigueur dans la
discipline intime, sérieuse étreinte de la réalité.
Si l'on traçait l'histoire des influences dans
notre xıx⁰ siècle français; bien foncièrement et
irréparablement désabusé, on serait étonné de
trouver que tous les systématiques ont exercé
sur cette époque une dictature, même quand
ils ne la méritaient pas, comme tel ou tel uto-
piste sans valeur, — à plus forte raison un
systématique d'une rare vigueur d'esprit et
doublé d'un savant de premier ordre.

Donc la puissance de M. Taine sur l'opinion,
puissance obtenue sans qu'il l'ait désirée jamais, — et ses conflits avec les diverses nuances de cette opinion, conflits provoqués sans
qu'il s'en soit jamais soucié, s'expliquent également par les effets contradictoires d'une forme
d'esprit initiale. Il reste à montrer comment
cette forme d'esprit s'est développée dans un
milieu très spécial, et quelle a été son œuvre.
On verra que ces deux éléments une fois donnés, une certaine conception de l'âme humaine
aevait naître et par suite une certaine conception
de la politique contemporaine. Ces trois points

successifs font l'objet des trois parties de cette
étude.

II

LE MILIEU

De ce que le philosophe ne calcule pas le
retentissement immédiat de sa doctrine, il ne
suit point que cette doctrine soit absolument
indépendante du milieu où elle a été formée.
Tout système, — l'histoire nous le démontre,
— se rattache par le plus étroit lien aux autres
productions de l'époque dans laquelle il a paru.
Faut-il beaucoup de réflexion pour comprendre
qu'une même disposition de l'esprit français
s'est manifestée par les théories de Descartes,
qui séparaient radicalement la pensée et la matière, l'âme humaine et l'animalité, par la
poésie de Boileau et de Racine, et par la peinture du Poussin ? Un même moment de l'esprit germanique a mis au jour Hegel et Gœthe,
comme un même moment du génie anglais a
produit le théâtre brutal de Wycherley, les
grossières satires de Rochester et le violent

matérialisme de Hobbes. Une simple analyse
du mot système permettait d'ailleurs de conclure aussi, et *apriori*, à la parenté profonde
des philosophes et de leur milieu. Construire
un système, n'est-ce pas achever par une hypothèse explicative la somme des connaissances
exactes que l'expérience a fournies ? Nous pos-
sédons sur l'univers et sur l'homme une certaine quantité de notions positives, nous les
coordonnons et nous les complétons par une
théorie générale, comme un géomètre dessine
une circonférence entière d'après le simple
fragment d'un cercle. Plus tard, la quantité
des notions positives sera augmentée, et notre
théorie de la nature et de l'esprit se trouvera
ne plus correspondre à ces données nouvelles.
L'arc à fermer sera plus ouvert et le rayon de
la circonférence devra être plus grand. Mais
ces notions positives, matière indispensable de
notre hypothèse, comment l'expérience nous
les apporte-t-elle ? De deux façons très distinctes, me semble-t-il. D'une part, le philosophe connaît les résultats généraux des
sciences expérimentales à l'heure où il travaille,
et il y conforme son imagination d'inventeur
d'idées. D'autre part, ce philosophe a subi, du

moins dans son enfance et dans sa jeunesse,
les influences infiniment multiples et complexes
de sa famille et de ses amis, de sa ville et de sa
contrée. Sa vie sentimentale et morale a précédé
ou accompagné sa vie intellectuelle. Cette seconde initiation se mélange à la première,
quoi que le penseur en ait, si bien que la découverte d'une doctrine se trouve être à la fois
un roman de l'esprit et un roman du cœur. Je
citerai ici encore l'exemple de celui que
Schleiermacher appelait « l'illustre et infortuné
Spinoza » ; et, de fait, on doit toujours en re-
venir à cet homme prodigieux quand on veut
étudier sur place un exemplaire accompli de la
grande existence métaphysique. Le puissant
système exposé dans les cinq livres de l'*Éthi-*
que n'a-t-il pas pour fondement positif, d'a-
bord les notions de physique et de mathématique propres à la science du XVIIe siècle, et
ensuite les notions d'expérience personnelle
que la naïve biographie de Colerus nous révèle ? Si le mélancolique et souffreteux poitrinaire n'avait pas été maudit par ses frères en
religion, persécuté par sa famille, dédaigné
par la jeune fille qu'il désirait épouser, s'il
n'avait senti, dès son adolescence, la table de

fer de la réalité peser sur sa personne et la meurtrir, certes il n'aurait pas écrit avec une soit si évidente d'abdications des vains désirs les terribles phrases où se complaît son stoïcisme intellectuel : « Ni dans sa façon d'exister, ni dans sa façon d'agir la nature n'a de principe d'où elle parte ou de but auquel elle tende... » ; et cette autre, qu'il faut relire après le consolant *Pater noster qui es in cœlis* de l'Evangile pour en mesurer le cruel fatalisme : « Celui qui aime Dieu ne peut pas faire d'effort afin que Dieu l'aime en retour... »

Qu'on se figure maintenant les circonstances parmi lesquelles a grandi M. Taine, et quelle sorte de matière à mettre en œuvre la société a fournie aux tentatives de cette imagination philosophique dont il était doué. Il a eu ses vingt ans en plein Paris de la fin du règne de Louis-Philippe, et les souvenirs de ses amis d'École normale, — ceux, par exemple, si évidemment sincères, que M. Sarcey donnait récemment dans la *Revue politique*, — nous le montrent intéressé par toutes les discussions de ses camarades d'alors, et remuant en leur compagnie toutes les idées importantes de l'époque. Étranges années que

celles-là, qui se sont écoulées aux environs de
1850, années douloureuses et qui ont con-
sommé la banqueroute des magnifiques espérances de la première moitié du siècle! En littérature, le romantisme paraît vaincu. A-t-il
tenu ses grandes promesses de rénovation esthétique? Comment ne pas en douter, lorsqu'on voit tous les poètes abdiquer leur art
l'un après l'autre? Le seul Victor Hugo main-
tient son pennon, et il vient d'essuyer la défaite des *Burgraves*. Mais Lamartine s'occupe
uniquement de politique; mais Alfred de Musset achève de noyer son génie dans l'ivresse;
mais Théophile Gautier s'appelle lui-même un

> Vieux rimeur abruti par l'abus de la prose,

et tourne la roue de son feuilleton avec une
mélancolie d'esclave: « Qu'est-ce qu'on va
encore nous faire faire?... » disait-il plus tard à
M. Théodore de Banville, avouant ainsi la secrète douleur de toute son existence de journa-
liste malgré lui; mais Alfred de Vigny s'est
retiré dans sa tour d'ivoire; mais Sainte-Beuve
a enterré sous l'amoncellement de ses études
critiques ce poète mort jeune que la plupart

des hommes, prétendait-il, portent en eux;
mais Auguste Barbier a perdu le souffle lyrique de ses *Iambes*. C'en est fini des belles
luttes autour des chefs-d'œuvre nouveau-nés,
les *Méditations* ou les *Orientales*, et c'en est
fini aussi de l'exaltation spiritualiste qui avait
accompagné, en l'avivant, la ferveur poétique
des jours de flamme. Le maître de la *Nuit de
Décembre*, Théodore Jouffroy, est mort. Les
insuffisances de l'éclectisme prôné par Victor
Cousin et imposé comme une doctrine officielle
éclatent à tous les yeux, en même temps que
la révolution de 1848 découvre les insuffisances des vingt systèmes de sociologie indépendante qui avaient foisonné sous le régime de
Juillet. Ce sont là les signes extérieurs d'une
désagrégation plus profonde. Sous l'influence
des luttes formidables de la tragédie révolutionnaire et sous le prestige de l'étonnante épopée impériale, une génération avait grandi,
toute pénétrée du concept héroïque de la vie,
c'est-à-dire que les jeunes gens qui la composaient, tout naturellement s'étaient nourris de
rêves démesurés et grandioses. Et comment
n'auraient-ils pas cru à la toute-puissance, à
la magie même de la Volonté de l'homme, eux

qui avaient vu un monde nouveau sortir,
jeune, resplendissant et sublime, du sépulcre
des siècles défunts, une Europe s'écrouler, une
autre s'élever, et un simple lieutenant d'artillerie réaliser les plus extravagantes chimères de
l'ambition la plus effrénée par la seule vigueur
de son génie et l'énergie de ses rudes soldats ?
Puis, ce monde nouveau s'était trouvé tout de
suite aussi vieux que l'autre. L'Europe nouvelle ne valait pas mieux que l'ancienne. Le
conquérant était mort là-bas, puis ses compagnons, un par un; et une lèpre de médiocrité
commençait de s'étendre sur les mœurs et la
politique. Voici que les deux brillants départs,
de la Restauration d'abord, puis de 1830,
aboutissaient à l'abaissement des caractères,
à la matérialité grossière des jouissances. Le
siècle avait manqué son œuvre !

Pas tout entière pourtant ; car, au milieu de
ces décombres universels, un arbre pousse,
dont la végétation luxuriante redouble de vitalité dans ce paysage de mort. Cet arbre aux
frondaisons touffues et sans cesse multipliées,
c'est la Science. Seule elle n'a pas menti à ses
dévots. Que dis-je ? Elle dépasse les espérances les plus hardies. Celui qui jette ses regards

sur le développement scientifique de cette première moitié du siècle, après avoir contemplé
la misère des autres entreprises, peut-il retenir
un élan d'admiration? Les travaux de Fresnel
sur la lumière, ceux d'Ampère et d'Arago sur
le magnétisme et l'électricité, ceux de Magen-
die et de Flourens sur le système nerveux, je
cite au hasard, et combien d'autres encore! ont
renouvelé tout à la fois notre vue théorique de
l'univers et nos moyens d'action sur les forces
naturelles. Des applications pratiques d'une
incalculable portée sont là pour témoigner que
la besogne accomplie dans les laboratoires est
une œuvre de réalité. Pour la première fois
l'Isis entr'ouvre son voile. L'homme prend à
la fois connaissance et possession de ce *cos-*
mos dont la splendeur l'épouvantait et dont le
mystère l'écrasait. Et quel est l'outil de ce progrès quasi merveilleux? L'application de la
méthode y a suffi. Quelle méthode? Celle que
Bacon a réduite en maximes et que les cher-
cheurs pratiquent uniquement: l'Expérience.
De cette constatation à l'enthousiasme, à l'ido-
lâtrie envers cette méthode unique, il n'y a
qu'un pas, et les jeunes hommes que cette prodigieuse fécondité de la science enivre d'es-

poir, comme les hommes faits qu'elle console
après de si durs mécomptes l'ont bientôt
franchi. Une sorte de logique invincible et inconsciente s'agite en nous, qui contraint les
plus rebelles à pousser jusqu'au bout de leurs
idées. Si derrière la science, il y a la méthode,
derrière la méthode il y a quelque chose encore. Ce quelque chose, qui constitue l'essence
même de la recherche expérimentale, c'est le
Fait. Établir une expérience, c'est déterminer
un ou plusieurs faits, rien de plus. La science
a été sur la voie de sa prospérité du jour où
les savants ont eu le culte, la passion exclu-
sive du fait et rien que du fait. Nos gens auront donc, eux aussi, la religion du fait puisqu'ils ont la religion de la méthode. Vous
souvenez-vous du roman de Dickens où le positivisme anglais s'incarne dans un personnage
de condition et de culture moyennes qui n'a
jamais, peut-être, entendu parler de l'induction, mais chez qui la manie de la notion
exacte et sèche est entrée par chaque pore: «A
présent, s'écrie-t-il, ce qu'il me faut, ce sont
des faits; n'enseignez à ces filles et à ces garçons que des faits. On n'a besoin que des faits
dans la vie. Ne plantez rien autre chose en

eux. Déracinez en eux toute autre chose. Vous
ne pourrez former l'esprit d'un animal raisonnable qu'avec des faits... » C'est la traduction,
ce discours, de la parole intérieure que se pro-
noncent neuf Anglais sur dix, de celle que se
prononcèrent beaucoup de Français vers 1850.

C'est alors, en effet, que le héros du roman
et du théâtre cesse d'être le mélancolique, ou
poitrinaire ou révolté, toujours en désaccord
avec les circonstances, pour devenir le brutal
et rude manieur de réalités que M. Alexandre
Dumas fils a si hardiment posé sur la scène.
L'expression d' « homme fort » est à la mode.
Elle signifie une exploitation intelligente et
peu scrupuleuse du fait bien compris. Et d'une
extrémité à l'autre de la société, cette exploitation s'installe. Tout en haut, c'est au nom du
fait accompli que le régime impérial se fonde
et prospère ; tout en bas, c'est vers le succès,
la jouissance immédiate, la fortune et le luxe,
que tendent les efforts des travailleurs. D'Idéal
politique, il n'est plus question. La faillite des
rêves socialistes ou libéraux paraît définitive.
L'idéalisme est vaincu également dans la littérature. Au lyrisme fougueux succède l'observation implacable, et la prose précise de Vol-

taire recommence d'être en vogue. C'est l'époque où les vastes travaux de confort national
s'accomplissent avec une ampleur extraordinaire, où le suffrage universel devient le procédé unique du gouvernement, parce qu'il a la
valeur indiscutable du chiffre. L'instruction
publique s'organise en vue d'assurer à l'enseignement des sciences un triomphe sur l'enseignement des lettres. Des programmes de
l'ancienne classe de philosophie, qui était une
école de spéculation, qu'a-t-on retenu? la logique, c'est-à-dire la portion sèche et technique, mais stricte aussi, mais positive. Toutes
ces tentatives se fondent en une sorte de courant mélangé qui bouillonne et n'a pas une
rive très nette. A trente années de distance, la
direction est reconnaissable. C'est après coup
que l'unité d'un temps se dessine. De menus
détails de mœurs la révèlent, mieux encore les
noms des personnages originaux qui furent les
chefs de file des grandes besognes. Cette entrée du second Empire dans l'histoire a eu
pour grand homme politique le duc de Morny,
— pour grand auteur dramatique M. Alexandre Dumas fils, pour grands romanciers
M. Gustave Flaubert et les frères de Goncourt.

M. Taine aura été son grand philosophe. Je n'entends point par là qu'il n'y ait pas eu d'autres politiciens, d'autres artistes en œuvres d'imagination, d'autres penseurs, et qu'ils n'aient valu ceux dont je viens d'écrire les noms, si même ils ne les ont surpassés. N'importe! Ceux-là ont au front cette marque spéciale d'avoir été, chacun dans un genre, les représentants d'une même poussée d'idées. M. Taine en a donné, ce me semble, la plus abstraite et par suite la plus profonde formule.

Tout le système philosophique de M. Taine était dressé dans son esprit dès ses premiers livres. On en trouvera un résumé d'une clarté supérieure dans les deux chapitres qui terminent les *Philosophes classiques du XIX⁰ siècle*, — chapitres composés, nous dit la préface, ainsi que le reste de l'ouvrage, exactement en 1852, et sous l'influence des libres causeries avec quelques jeunes gens très distingués de cette époque. A lire la préface de l'*Intelligence*, où l'auteur a ramassé comme en un corps de doctrine ses certitudes et ses hypothèses sur la pensée et sur la nature, il est aisé de constater que le système, pareil à quelque édifice d'une savante et forte architecture, n'a

pas bougé. Considéré dans ce qu'il a d'essen
tiel, ce système se ramène à concevoir le *moi*
comme constitué par une série de petits faits
qui sont des phénomènes de conscience, et la
nature comme formée par une série aussi de
petits faits qui sont des phénomènes de mouvement. Le philosophe est formel sur ces deux
points : « Il n'y a rien de réel dans le *moi*,
dit-il, sauf la file de ses événements... » En
d'autres termes, pas plus dans le *moi* que dans
les corps, M. Taine n'admet une substance
permanente et cachée qui soutienne les qualités,
et qui survive, identique et durable, aux événements accidentels et passagers. Des fusées
de phénomènes caducs, qui montent quelques
minutes ou quelques heures, puis s'abîment
irréparablement, — tel est pour lui le monde.
C'est, comme on voit, une réapparition de l'antique hypothèse d'Héraclite sur l'écoulement
universel. Pour nous représenter ce *moi* et
cette nature, ce sont donc de petits faits qu'il
faut connaître et qu'il faut classer. La méthode
se trouve être la même dans les sciences dites
morales et dans les sciences dites naturelles.
Dans les unes comme dans les autres, c'est par
une analyse qu'on doit commencer. Je sup-

pose que j'aie à étudier la personnalité d'un écrivain ou d'un grand général, je ne procéderai pas autrement qu'un chimiste placé devant un gaz, ou qu'un physiologiste en train d'examiner un organisme. Je dresserai par voie d'observation une liste des petits faits qui constituent cet écrivain ou ce général ; et cette liste une fois dressée, je déterminerai, par voie d'induction, les faits dominateurs qui commandent les autres, comme dans un arbre les plus grosses branches commandent les moindres. Il est ainsi des phénomènes initiaux et générateurs, de qui les autres dérivent. Transformez-les, une transformation totale suit. Comprenez-les, vous comprendrez tous les phénomènes secondaires. Dans un animal, la nutrition, par exemple, est un de ces phénomènes initiaux. Dans un écrivain, comme dans un général, ce sera le genre d'imagination. Le génie de Michelet découle tout entier de la lucidité merveilleuse avec laquelle il se représentait des états de sensibilité ; celui de Napoléon de sa puissance de vision topographique. Que le premier eût été incapable de se configurer des intérieurs d'âmes, et le second des saillies de terrain, ni l'histoire de France n'eût été écrite, ni la bataille d'Austerlitz n'eût été gagnée. Ces quelques faits initiaux et générateurs une fois trouvés, il reste à les rattacher à d'autres encore qui soient plus haut placés dans la hiérarchie des causes. Cette imagination particulière à l'homme est due à l'hérédité. Dans l'individu, il s'agit donc de déterminer la race. Le développement de la race tient lui-même à des conditions spéciales de milieu. Arrivés à ce degré, il est possible de monter plus haut encore et de rattacher à un fait suprême, loi générale de l'esprit, tous les faits petits ou grands dont nous avons suivi la filière. C'est l'œuvre de la science de la pensée de ramasser ainsi en quelques lois très simples toute la série de ses expériences, c'est l'œuvre aussi de la science des corps. Il s'agit de résumer enfin ces quelques lois générales, — qui ne sont, remarquons-le, que des faits très généraux, — « jusqu'à ce qu'enfin la nature, considérée dans son fond subsistant apparaisse à nos conjectures comme une pure loi abstraite, qui, se développant en lois subordonnées, aboutit sur tous les points de l'étendue et de la durée à l'éclosion incessante des individus et au flux inépuisable des événements... »

La portée de cette doctrine n'est pas en question. Seule, sa valeur de psychologie sociale
nous intéresse. Il n'est pas malaisé d'apercevoir que deux éléments ont contribué à façonner
cette conception de l'univers. Le premier est
l'Hégélianisme. Dans une forte étude sur Carlyle, M. Taine, après avoir déclaré que notre
principal travail est de repenser les idées de
la grande métaphysique allemande, les exprime ainsi : « Elles se réduisent à une seule,
celle du développement (*entwickelung*) qui
consiste à représenter toutes les parties d'un
groupe comme solidaires et complémentaires,
en sorte que chacune d'elles nécessite le reste,
et que, toutes réunies, elles manifestent par
leurs successions et par leurs contrastes la qualité intérieure qui les assemble et les produit. »
Cette qualité intérieure, Hegel l'appelle l'*idée*
du groupe. M. Taine l'appelle un Fait domi-
nateur. C'est qu'il introduit dans l'Hégélianisme un principe étranger qu'il emprunte à
la science et à l'esprit positiviste de l'époque.
Les vagues et vaporeuses formules se solidi-
fient sous sa main de Français perspicace et que
les mots ne trompent point. Là où Hegel aurait
mis une dissertation, M. Taine met une des-

cription. L'anecdote soigneusement choisie
tient dans ses pages la place de la phrase abstraite et sans contour saisissable. Partout et
toujours c'est un effort pour installer la méthode de la science. Avec quelle exaltation
presque enivrée il parle de cette science et de
l'avenir qu'elle nous prépare : «... Elle approche enfin et elle approche de l'homme. Elle
a dépassé le monde visible et palpable des
astres, des pierres, des plantes, où dédaigneu-
sement on la confinait. C'est à l'âme qu'elle se
prend, munie des instruments exacts et per-
çants dont trois cents ans d'expérience ont
prouvé la justesse et mesuré la portée. Elle
apporte avec elle un art, une morale, une politique, une religion nouvelle, et c'est notre
affaire aujourd'hui de les chercher!... » Avec
quelle confiance il assigne pour but idéal à
toute recherche « la découverte de petits faits,
bien choisis, importants, significatifs, ample-
ment circonstanciés et minutieusement no-
tés... »! Et comme il se comprend que la génération, alors nouvelle, dont il exprimait la foi
profonde, avec des formules nettes comme un
axiome de mathématique et vibrantes comme
les strophes d'un hymne, ait reconnu en lui

13

l'Initiateur, l'homme qui voyait la terre pro-
mise et en racontait par avance les rajeunis-
santes, les mystérieuses délices !

III

L'AME HUMAINE ET LA SCIENCE

« C'est à l'âme que la science va se prendre... » Ce mot contient en germe toute l'œuvre
tentée par M. Taine. Si l'on considère la quantité des matières traitées, cette œuvre est multiple et variée comme la vie même; si l'on
considère la permanence immuable de l'idée
directrice, elle apparaît simple et serrée comme
un traité de géométrie. Elle se résume dans
l'application de la théorie des petits faits, et
dans l'hypothèse que tous les phénomènes de la
vie intellectuelle ou volontaire ont une raison
suffisante de leur existence dans un ou plusieurs
phénomènes antécédents. En admettant que
les petits faits qui constituent le *moi* peuvent
être étudiés par les procédés de la méthode
expérimentale, et par conséquent que la psychologie est une science, M. Taine se sépare

de l'école matérialiste, laquelle réduit toute la
portion exacte de l'étude de l'âme à un chapitre de physiologie. M. Taine a vu très profondément qu'un phénomène de conscience,
une idée par exemple, est la cause d'une série
d'autres phénomènes de conscience, quelle que
soit d'ailleurs la modification physiologique
correspondante. Par suite, quand bien même
nous ferions de l'âme une simple fonction du
cerveau, nous n'en devrions pas moins étudier
la vie intérieure en tant que vie intérieure, et du
point de vue de la pensée en tant que pensée.
Mais il se sépare aussi de la psychologie classique, telle que les Écossais et Jouffroy l'avaient
définie, en abandonnant la méthode de la réflexion personnelle et solitaire pour lui substituer celle de l'enquête universelle et de l'expérience multipliée. Au regard de M. Taine, tout,
dans l'existence de l'homme, intéresse le psychologue et lui fournit un document. Depuis la
façon de meubler une chambre et de servir une
table, jusqu'à la manière de prier Dieu et d'ho-
norer les morts, il n'est rien qui ne mérite
d'être examiné, commenté, interprété, car il
n'est rien où l'homme n'ait engagé quelque
chose de son être intime. Carlyle a écrit le

Sartor resartus, ouvrage énigmatique où il développe une philosophie du costume et disserte sur la politique et l'histoire à propos de tabliers et de culottes. Il n'a fait qu'exagérer jusqu'à la bouffonnerie une vérité féconde, posée par Balzac dans la préface générale de la *Comédie Humaine*, à savoir : « que l'homme, par une loi qui est à rechercher, tend à représenter ses mœurs, sa, pensée et sa vie, dans tout ce qu'il approprie à ses besoins... » C'est dire du même coup qu'aucune manifestation, si menue soit-elle, n'est absolument insignifiante et négligeable. Mémoires et correspondances, monographies historiques et romans d'analyse, œuvres des artistes et travaux des artisans, — l'investigation du savant doit dépouiller tous ces dossiers des passions grandes ou petites. Apercevez-vous l'ampleur énorme que prend soudain l'étriquée et grêle science des Thomas Reid et des Dugald Stewart ? Comprenez-vous aussi de quelle importance devient dans cette psychologie l'hypothèse du déterminisme universel que j'indiquais tout à l'heure comme essentielle au système de M Taine ? Supposons que tout phénomène de la vie morale n'est pas déterminé par un ou plusieurs phénomènes antécédents; en d'autres termes, admettons qu'il y ait spontanéité et liberté dans l'âme, au sens usuel de ces mots : l'édifice croule tout entier. C'est là le point attaquable de la doctrine. Cette psychologie est bien constituée comme une science, mais elle repose sur un postulat de métaphysique.

Dans cet immense empire de la science de l'âme, ainsi étendu à tous les faits de la nature humaine et de la société, M. Taine a choisi comme sujet particulier de ses études le domaine de la production littéraire et artistique. C'est un fait encore que cette production, et capital, que le philosophe doit examiner dans le plus grand nombre de ses cas et les plus variés. La Grèce et Rome, l'Italie de la Renaissance, la France des trois derniers siècles et l'Angleterre de tous les âges, dans combien de milieux et de moments divers l'auteur de l'*Intelligence* n'a-t-il pas considéré ce phénomène de la formation de l'œuvre d'art ? L'histoire lui est apparue comme une vaste expérience instituée par le hasard pour le bénéfice du psychologue, et, grâce à elle, il a renouvelé ou, si l'on veut, déplacé toute la doctrine de l'ancienne critique, puis par contre-coup, les

points de vue des artistes nourris de ses théories. Un premier caractère de ce renouvellement a été la suppression complète de l'idée
de la moralité dans les œuvres d'art. Pour se
demander, en effet, comme aurait pu le faire
un La Harpe, un Gustave Planche et même
un Sainte-Beuve au moins dans ses premiers
essais, si un livre ou un tableau a une portée
morale qui mérite l'éloge ou qui commande le
blâme, il faut admettre que l'écrivain et le
peintre ont exécuté leur ouvrage par un acte
de volonté responsable, hypothèse qui con-
tredit manifestement le principe déterministe,
appliqué partout par M. Taine. Qu'il le sache
ou non, celui qui juge un produit de l'esprit
fonde son arrêt sur une théorie particulière de
l'esprit. Un livre ou un tableau était pour l'a-
depte de l'antique psychologie l'effet d'une
cause individuelle. Un analyste de l'école de
M. Taine aperçoit dans cet effet, comme dans
tout autre, l'aboutissement d'une série de causes
partielles qui, elles-mêmes, sont des effets par
rapport à d'autres causes dominatrices, et ainsi
de suite indéfiniment. C'est la phrase du poète
stoïcien : « Elle descend depuis la première
origine du monde, — la série des causes, et

toutes les destinées sont en souffrance, — si tu
essaies de changer quoi que ce soit... » Pour
M. Taine, comme pour Spinoza, comme pour
les panthéistes de tous les temps, la somme
entière des forces conspire à mettre au jour le
moindre petit fait, et derrière chacun de ces
petits faits l'imagination du songeur aperçoit
des files indéfinies d'événements. De ce royaume
de la nécessité absolue, toute appréciation du
Bien et du Mal est bannie, — ajoutons toute
appréciation du Beau et du Laid ; ou du moins
la laideur et la beauté apparaissent sous un
angle très singulier. Le groupe de faits qui produit sur mon esprit une impression que j'étiquette du terme de beauté, n'est pas isolé du
groupe de faits qui produit sur ce même esprit
l'impression de laideur, puisque tout se tient
d'une façon étroite dans la vaste série des événements qui composent le monde. Mon impression seule établit la différence ; mais, si je veux
sortir de cette impression et raisonner, je dois
convenir que je suis en présence des mêmes
forces, lesquelles ont, dans un cas, produit la
réussite, et dans l'autre l'avortement, par une
même nécessité de nature. Arrivé à ce degré de
l'analyse, je suis tout voisin de m'intéresser à

l'avortement aussi bien qu'à la réussite; surtout
lorsque je découvre que chez un même auteur,
par exemple, l'avortement de certaines parties
du talent était la condition de la réussite du
reste. Cette même imagination de la sensibilité
qui a servi d'instrument divinatoire à Michelet
dans son étude des guerres de religion devait,
à de certains moments et en présence de certains hommes, le conduire à d'étranges excès
d'injustice, et comprenant Michel-Ange et Lu-
ther comme il a fait, il ne pouvait comprendre
et n'a compris ni Montaigne ni Bonaparte.
Les qualités de son style dérivent aussi de cette
imagination et lui imposent ses défauts. A me
pénétrer de cette vérité, je suis tout près de ne
plus admirer dans l'historien que cette imagination toute-puissante, et comme cette puissance se manifeste dans les défauts au moins
autant que dans les qualités, à aimer passion-
nément ces défauts nécessaires et, par suite,
précieux. L'œuvre d'art ne m'intéresse plus en
elle-même, elle est un signe des causes profondes qui l'ont amenée à la lumière. Ce sont
ces causes que j'étudie en elle, par suite c'est
l'énergie de ces causes qui m'émeut, m'étonne,
me ravit. Par suite encore, les vertus d'arran-

gement, l'harmonie régulière, la parfaite délicatesse, la mesure souveraine auront pour moi
un attrait moindre que l'outrance et les heurts
violents. Les œuvres très équilibrées sont des
signes aussi, mais des signes moins apparents,
et de puissances moins déchaînées.

Examinons en effet quels auteurs M. Taine
comprend le plus vivement, et quels styles il
goûte avec la plus visible sympathie. C'est,
parmi les modernes, Michelet justement et
c'est Balzac. Au xviii⁰ siècle, c'est Saint-Simon.
Chez les Anglais, il admire entre tous Shakespeare, le douloureux Swift et Carlyle, — tous
écrivains dont la qualité maîtresse est d'être
significatifs au plus haut point. Chez eux du
moins l'attache qui unit l'artiste à son œuvre
est toute visible, et leurs livres sont réellement
de la « psychologie vivante. » Il y a plaisir
certes, et comme une ivresse, à voir une faculté
grandir dans un cerveau jusqu'à y devenir
démesurée. Elle se dérègle, elle déborde, bri-
sant les règles de l'esthétique, s'exaspérant en
inventions de toutes sortes, recréant à nouveau
la langue, effrénée, dangereuse, incomparable !
La chétive individualité du poète s'efface et

laisse apparaître quelque loi grandiose de l'intelligence dont la splendeur rayonne et nous ravit.
Il est probable qu'un physiologiste de grand
esprit éprouve devant des morceaux de peinture une impression analogue à celle qui saisit
M. Taine devant une page de prose ou de poésie. Sous les magnifiques carnations et parmi
les déploiements des nobles corps d'une toile
de Rubens, vraisemblablement ce savant aperçoit la mise en jeu des fonctions de la vie physique et l'intelligence supérieure des lois profondes qui la gouvernent. C'est la profondeur
de ces lois et l'intensité de ces fonctions qui
l'intéressent. Il est légitime de sentir ainsi,
comme il est légitime de s'en tenir au point de
vue contraire et de considérer les œuvres d'art
non plus comme *significatives*, mais comme
suggestives. Ainsi font les poètes et les amoureux... Une femme délicate et tendre se trouve
seule dans son salon intime, par une après-
midi voilée d'hiver. Au dehors c'est un ciel
de brouillard et de suie qui pèse sur la ville où
se déchaîne la foule brutale. Elle devine ce
ciel, sans en rien voir, à la mélancolie qui la
gagne, quoique le store d'un bleu si pâle soit
baissé déjà, et tamise la lumière triste avec

une tendresse voluptueuse. Cette lumière, d'une
demi-teinte presque surnaturelle, semble ca-
resser les objets qui entourent la jeune femme,
chers objets, muets pour les autres, mais qui
lui racontent si doucement, à elle, l'histoire
des bonheurs qu'elle n'aura pas ou qu'elle
n'aura plus. Dans leurs cadres ciselés et sur
la petite table, sur la cheminée, sur le guéri-
don, les portraits de ceux qu'elle aime sont
épars, et jurent que les êtres dont ils gardent
la ressemblance sont ailleurs, séparés de celle
qui songe à eux, par la distance, par la vie, ou
par la mort. Les meubles sur lesquels elle pro-
mène ses yeux, que noie une ombre intérieure,
donnent à la chambre comme un visage par
leur rangement familier et leur forme connue.
Nostalgique et frémissante, elle prend un recueil de poésie dans le casier où reposent ses
livres préférés. Le feu brûle paisiblement.
Abandonnée sur sa chaise longue, elle lit au
hasard, et comme elle n'a pas de signet sous
sa main, il lui arrive, quand elle s'interrompt
de sa lecture, de tirer une épingle de ses beaux
cheveux et de la glisser entre les feuillets. Le
livre lui parle, à elle aussi, comme au philosophe, mais il lui parle par évocation. Au lieu

d'apercevoir derrière les phrases la main qui
les écrivait, le corps auquel tenait cette main,
la poussée du sang dans ce corps, et aussi la
poussée des images, toutes les sourdes et profondes origines animales du talent, elle aperçoit le songe du poète, l'au-delà inexprimable
et mystérieux dont il a su faire comme un halo
à ses vers. Elle lit dans Lamartine ce fragment divin :

> Des pêcheurs un matin virent un corps de femme
> Que la vague nocturne au bord avait roulé.
> Même à travers la mort sa beauté touchait l'âme...

Elle lit dans le *Livre de Lazare* de Henri
Heine les navrantes *Réminiscences :* « Ce
sont surtout les larmes de la petite Juliette qui
me fendent le cœur... », dans Sully-Prud-
homme, les idéales strophes des *Vaines tendresses :*

> Il leur faut une amie à s'attendrir facile...

Derrière les pages vaguement teintées du
cher livre, devine-t-elle, comme M. Taine,
« un homme ayant fait ses classes et voyagé,
avec un habit noir et des gants, bien vu des
dames et faisant le soir cinquante saluts et

une vingtaine de bons mots dans le monde, lisant les journaux le matin, ordinairement logé à un second étage, point trop gai parce qu'il a des nerfs, surtout parce que, dans cette épaisse démocratie où nous nous étouffons, le discrédit des dignités officielles a exagéré ses prétentions en se rehaussant son importance, et que la finesse de ses sensations habituelles lui donne quelque envie de se croire Dieu...? » Il est possible que ce soit là comme l'impur et fécond terreau de la belle fleur, et que cette poésie, raffinée jusqu'à en être poignante, soit l'effet visible de ces causes cachées. Mais, précisément, ces stances délicieuses, pour la jeune femme qui s'en grise le cœur par cette ensorcelante après-midi du jour voilé d'hiver, ne sont pas un effet. Elles sont une cause. Les conditions où elles ont été produites lui importent peu. Elle ne se soucie pas de la cornue où s'est distillé le philtre magique, pourvu que cette magie opère et que la lecture se résolve en une exaltation exquise et tremblante. L'intérêt pour elle ne réside plus dans le fonctionnement des lois immuables de la psychologie ; il est tout entier dans le charme des visions que le livre suggère, ou douces ou tristes, toujours personnelles... Qui ne comprend que deux théories d'art très différentes sont enveloppées dans ces deux sensibilités contradictoires? Celle dont M. Taine s'est fait le champion a eu cette supériorité, d'abord d'être soutenue par lui avec un luxe prodigieux d'exemples, une logique invincible, une chaleureuse éloquence, puis de correspondre à un des besoins profonds de l'époque. Une seule de ces raisons aurait suffi pour qu'elle fît école..

Il est remarquable que la théorie de Taine se retrouve au fond d'un grand nombre d'œuvres de nos artistes contemporains, parfois codifiée et nettement affirmée, d'autres fois voilée et comme fondue. Et il faut bien que cette théorie s'accorde de tous points avec quelque intime besoin de ce temps, puisque les œuvres animées et soutenues par elle s'imposent à la vogue d'une façon quasi miraculeuse. L'esthétique des écrivains dits naturalistes est-elle autre chose que la mise en œuvre de la maxime professée par M. Taine, à savoir que la valeur d'un ouvrage littéraire se mesure à ce qu'il porte en lui de documents significatifs, — documents humains, disent les chefs du groupe. Pour les adeptes de cette école, qui se

sont plus particulièrement appliqués au genre
romanesque à cause que la souplesse de ce
genre se prête mieux à tous les essais, le talent
d'écrire se réduit à donner le plus grand nombre de notes exactes sur l'homme et sur la société. Si donc, au lieu de présenter ces notes
bout à bout et toutes brutes, ils combinent des
intrigues, posent des personnages, spécialisent
des milieux, c'est encore en vue de l'exactitude.
Ainsi reliées les unes aux autres, les notes s'é-
clairent. La complexité du roman s'ingénie à
égaler la complexité de la vie: Elle y réussit,
et l'historien des mœurs du xix⁰ siècle trouvera le travail tout préparé, s'il cherche à savoir comment les personnes du peuple et de la
bourgeoisie se nourrissent et s'habillent, se lo-
gent, se marient, conçoivent le plaisir, supportent la peine. Jamais catalogue ne fut mieux
dressé des espèces sociales et de leurs habitudes, au moins les extérieures. De proche en
proche, ce souci de doubler la soie brillante
de l'imagination avec l'étoffe solide de la
science gagne et triomphe. La critique a presque irréparablement abandonné la discussion
des œuvres considérées en elles-mêmes, pour
s'attacher aux conditions seules des œuvres; et

c'est ainsi que les articles d'études et de portraits foisonnent d'anecdotes, que tout homme
de lettres écrit plus ou moins ses mémoires,
bref, que le reportage a conquis son droit de
cité dans l'histoire de la littérature. La poésie
elle-même se fait psychologique et, comme les
jeunes gens le proclament, Parisienne et moderne. Visitez une exposition de peintres indé-
pendants, vous constaterez que ce mouvement
déborde l'art d'écrire, et qu'avec leurs toiles et
leurs couleurs les révolutionnaires du pinceau
s'efforcent aussi de donner sur leur génération
des renseignements précis et circonstanciés.
Celui-ci analyse avec une minutie d'anatomiste la petite déformation musculaire que
l'habitude du métier imprime au cou de pied
d'une danseuse où à l'épaule d'une repasseuse.
Celui-là montre, avec une recherche de moyens
très neuve, le lavage du tempérament et de
l'âme que le plaisir parisien inflige à ses for-
çats. Le portrait d'une danseuse par M. Degas,
l'étude d'un couloir des Folies-Bergère par
M. Forain, révèlent sous une forme très inattendue la profondeur de pénétration avec laquelle les méthodes scientifiques s'infiltrent
dans notre pensée. Comme une immense en-

quête est instituée sur l'âme humaine, qui va
furetant, s'ingéniant, s'exagérant ici, ailleurs
s'affinant, et préoccupée surtout d'exécuter
le programme formulé d'un bout à l'autre de
ses livres par M. Taine, à savoir un dénom-
brement de plus en plus ample et circonstan ·
cié des petits faits dont le *moi* humain est composé.

Il serait vain de déplorer ce triomphe des
procédés de l'art significatif sur les procédés
de l'art évocateur, car ce triomphe est la conséquence inévitable de la modification essentielle que la science produit à cette heure dans
tout l'entendement humain, par suite dans
la sensibilité. Il est permis de mesurer dès aujourd'hui la portée de cette application des
méthodes scientifiques à toutes les choses de
l'âme. Nous avons deux moyens pour faire
cette mesure: d'abord, les faits accomplis, qui
déjà sont assez définitifs pour permettre une
conclusion; puis l'analyse du principe même
et de la théorie qui considère toute notre vie
personnelle comme un résultat de causes
étrangères. Nous constatons ainsi que le pessimisme le plus découragé est le dernier mot de
cette littérature d'enquête. De plus en plus au

cours des romans qui se relèvent de cette doctrine, la nature humaine est montrée misérable, dans ses dépressions sous le poids des circonstances trop accablantes, dans ses impuissances contre les forces trop écrasantes. Et le pessimisme n'est-il pas le dernier mot aussi de l'œuvre tout entière de M. Taine? Est-il besoin de rappeler les innombrables passages où se trahit, chez le psychologue victime de sa propre méthode, le découragement suprême et l'irrémissible maladie du cœur? Faut-il citer ce morceau funèbre du *Voyage en Italie*, où devant les chefs-d'œuvre des siècles anciens, il s'écrie douloureusement: « Que de ruines et quel cimetière que l'histoire!... » et où il compare l'humanité à la Niobé de Florence, dont les fils agonisent sous les coups du Sagittaire: « Froide et fixe, elle se redresse, sans espérance, et, les yeux fixés au ciel, elle contemple avec admiration et avec horreur le nimbe éblouissant et mortuaire, les bras tendus, les flèches inévitables et l'implacable sérénité des Dieux... »? Doit-on mentionner le passage très connu où il affirme que la « raison et la santé sont des accidents heureux », et cet autre où il déclare que « le meilleur fruit de la

science est la résignation froide, qui, pacifiant
et préparant l'âme, réduit la souffrance à la
douleur du corps... »? C'est qu'aussi bien la
définition même de la doctrine enveloppait le
germe du nihilisme le plus sombre et le plus inguérissable. Si tout dans notre personne n'est
qu'aboutissement et que résultat, si notre façon
ou tendre ou amère de goûter la vie n'est que
le produit de la série indéfinie des causes, comment ne pas sentir le néant de ce que nous sommes par rapport aux gigantesques, aux démesurées puissances qui nous supportent et nous
écrasent avec le même épouvantable mutisme ?
Où donc trouver pour leur résister, à ces terribles puissances, u ne autre arme que le renoncement absolu et que le *nirvâna* des sages de
l'Inde ? Quand Pascal constatait avec un tremblement passionné de tout son être qu'une
goutte d'eau suffit à nous tuer et que nous sommes à la merci de ce stupide univers qui nous
emprisonne, il se relevait aussitôt, et toute notre espèce avec lui, en opposant l'ordre de l'esprit et l'ordre du cœur à cet univers aveugle et
impassible qui peut nous broyer, mais qui ne
peut que cela. Hélas ! où donc prendre cet ordre du cœur, où cet ordre de l'esprit, si même

nos sentiments et nos pensées sont des produits
de cet univers, si notre *moi* nous échappe presque à nous-mêmes, sans cesse envahi par les
ténèbres de l'inconscience, sans cesse à la veille
de sombrer d'un naufrage irréparable dans les
flux et les reflux de la morne et silencieuse
marée des phénomènes dont il est un flot?...
Ah! pas même un flot, mais un des impercepti-
bles atomes de la poussière d'écume que le vent
disperse à travers le vide infini! Parlant des
révoltes du cœur et après avoir montré que
l'imperfection humaine est dans l'ordre,
comme l'irrégularité foncière des facettes dans
un cristal, M. Taine demande : « Qui s'indi-
gnera contre cette géométrie? » — Lui-même
tout le premier! Seulement, son indignation
se dompte avec orgueil. Un sourd et obscur
gémissement la trahit à peine. Mais ce gémissement fait comme une basse profonde à
l'hymne extatique entonné en l'honneur de la
science. Que c'est bien là l'homme de notre
temps, chez lequel la sensibilité héréditaire ré-
clame une solution humaine de la vie humaine,
une transcription mystique et surnaturelle de
nos actes passagers, un monde éternel et immuable derrière ce chaos d'apparences fugi-

tives, un Dieu paternel au cœur de la nature,
tandis que l'implacable analyse lui décompose
même ces douleurs, mêmes ces révoltes. pour
lui en étaler les éléments constitutifs et nécessaires! État intolérable, au bout duquel se
trouve ou la renonciation aux plus nobles, aux
plus sublimes exigences de l'âme, ou bien l'a-
veu que la science ne peut pas atteindre l'arrière-fonds immortellement nostalgique du
cœur. Mais cet aveu-là, c'est la porte ouverte
sur le mysticisme, c'est la déclaration qu'il est
des vérités intuitives que l'analyse ne saurait
donner, — et notre pensée ne veut pas con-
sentir cette abdication !

IV

THÉORIES POLITIQUES

Si M. Taine a eu ses heures de pessimisme,
et douloureusement éloquentes, ç'a donc été
malgré lui et sans rien perdre de sa foi profonde à la science. Avec son entière bonne foi,
il a reconnu la morne tristesse de ses impressions personnelles devant l'univers géométrique

et taciturne que cette science nous montre. Il n'a pas essayé davantage de nier qu'une contagion de désespérance gagne le siècle. Mais il s'est appliqué à montrer que cette désespérance provient uniquement d'une disposition personnelle de notre esprit, et non pas des conclusions nécessaires de la science. A ses yeux, le pessimisme et l'optimisme sont deux manières de voir les choses, également légitimes, mais également inexactes, qui attestent seulement un tour particulier de l'âme qui s'y abandonne. Il va plus loin. Non content de justifier la science d'avoir enfanté le mal du siècle, il attend d'elle un remède contre ce mal. Vague et incertaine attente, et dont je crois, pour ma part, qu'elle sera déçue, car l'antinomie de la science et de la vie morale est vraisemblablement irréductible. N'importe! Il est généreux de s'efforcer de la résoudre, car il y va du salut d'un des deux héritages séculaires de notre pauvre humanité. M. Taine a travaillé dans ce sens. Non qu'il ait composé un traité spécial sur ce sujet; mais de cinquante passages de ses œuvres une conception morale se dégage, tantôt exposée nettement, comme dans les dernières pages de l'étude sur lord

Byron, tantôt manifestée par un goût passionné pour l'équilibre de la parfaite santé,
comme dans les leçons qu'il a consacrées à la
sculpture grecque, comme dans les notes sur
l'Angleterre, et comme dans l'avant-dernier
chapitre de la *Philosophie de l'art* sur le degré
de bienfaisance de tel ou tel Idéal. Cette conception n'est pas différente de celle qui se retrouve au fond du Stoïcisme et du Spinozisme,
— doctrines appuyées comme celles de M. Taine
sur l'hypothèse de l'unité absolue de l'Univers.
« Sois en harmonie avec le *cosmos*, » disait
Marc-Aurèle, et l'auteur de l'*Éthique :* « Le
sage est celui qui participe par sa pensée à
l'éternelle nécessité de la nature. Celui-là, en
un certain sens, ne cesse jamais d'être, et seul
il possède le véritable repos de tout le cœur... »
Et Gœthe lui-même, le chef triomphant de
cette école : « Tâche de te comprendre et de
comprendre les choses... » Certes notre chétive personnalité n'est qu'une infime portion
de l'infini concert de la nature, mais au lieu
de nous en lamenter, pourquoi ne pas nous en
réjouir, capables que nous sommes de nous
associer à cet infini concert et de nous sentir
devenus un des membres vivants du corps im-

mortel de la Divinité ? Il suffit pour cela de
suivre à la lettre une maxime dont le sens
commun a proclamé depuis longtemps l'excellence, et de conformer nos désirs à l'ordre des
choses, au lieu de lutter contre l'ordre inévitable des choses pour l'assujettir à nos désirs.
Maxime apaisante, car elle nous prépare à supporter la douleur avec la consolation de la loi
obéie, — maxime fortifiante, car elle nous en-
seigne à tourner au profit de notre développement toutes les circonstances qui nous entourent. La seule vertu de cette maxime a soutenu
Gœthe dans le grand œuvre de sa merveilleuse
culture, comme jadis elle avait soutenu les cités
grecques dans le déploiement rythmique de
leur libre activité. La portée de cette maxime
passe en effet les destinées privées, et sa valeur, encore aléatoire en face des hasards de la
vie individuelle, devient presque absolue, une
fois appliquée à la vie des sociétés. C'est du
moins ce que pense M. Taine, et il est arrivé
ainsi à concevoir une morale politique greffée
sur sa conception scientifique de l'homme et de
l'Univers. Précisément cette morale politique
s'est trouvée en conflit avec les idées de la Révolution de 1789 tout autant qu'avec les prin-

cipes de l'Ancien Régime, si bien que l'auteur
des *Origines de la France contemporaine* présente ce spectacle inattendu d'un philosophe
également hostile aux deux partis qui se dispu-
tent la domination du pays. L'entière bonne
foi a de ces aventures qui la rendent dangereuse à l'esprit qui la pratique, et souvent inintelligible à ceux qui n'entrent pas dans le secret
du petit travail intérieur de cet esprit.

Il me semble que la morale politique de
M. Taine, formulée dans ce qu'elle a de plus
général, se ramène simplement à considérer un
État comme un organisme. De même que la
force et la santé personnelles s'obtiennent par
une obéissance consciente ou inconsciente aux
lois de l'organisme physiologique, de même la
force et la santé publiques s'obtiennent par une
obéissance consciente ou inconsciente aux lois
de ce que l'on peut appeler l'organisme social.
Des conditions de toutes sorte, inévitables et
irréparables, ont produit cet organisme. La
race y a contribué, puis le milieu, puis la série
des circonstances historiques. Tel qu'il est, ou
bon ou mauvais, ou admirable ou détestable,
cet organisme fonctionne comme il existe, par
une nécessité invincible. *La sagesse, d'après*

la philosophie dont j'ai indiqué plus haut le
principe, réside dans l'acceptation de cette nécessité. Admettre toutes les conditions de l'organisme social dont nous faisons partie, les
admettre et nous y soumettre, tel est le commencement du progrès, car on n'améliore sa
propre position qu'en la subissant et la comprenant. C'est le vieux mot de Bacon : *Nemo
naturæ nisi parendo imperat.*. appliqué au
gouvernement des peuples. Respecter donc, non
seulement les principes, mais les préjugés de sa
race « car le préjugé héréditaire est une raison
qui s'ignore » ; conserver non seulement les
institutions utiles, mais celles mêmes qui sont
probablement abusives, parce qu'elles sont des
parties vivantes d'un corps vivant ; ne prendre
comme mesure des intérêts de l'État ni les exigences logiques de notre entendement, ni les
nobles besoins de notre cœur, parce que ni
notre esprit ni notre cœur ne sont la règle de
la réalité ; procéder en un mot vis-à-vis de la
société comme un médecin vis-à-vis d'une personne malade, avec la lente et timide prudence
que donne la conviction de l'infinie complexité
des fonctions ; voilà, en dehors des applications pratiques, l'esprit de la politique telle

que la prescrirait M. Taine, telle qu'il la pres-
crit dans les morceaux où de simple narrateur
il se fait juge, comme celui-ci que je détache de
son second volume sur les *Origines de la France
contemporaine :* « S'il est au monde une œuvre
difficile à faire, c'est une constitution, surtout
une constitution complète. Remplacer les vieux
cadres dans lesquels vivait une grande nation
par des cadres différents, appropriés et dura-
bles, appliquer un moule de cent mille com-
partiments sur la vie de vingt-six millions
d'hommes, le construire si harmonieusement,
l'adapter si bien, si à propos, avec une si exacte
appréciation de leurs besoins et de leurs facultés qu'ils y entrent d'eux-mêmes, pour s'y
mouvoir sans heurts, et que tout de suite leur
action improvisée ait l'aisance d'une routine
ancienne, une pareille entreprise est prodigieuse et probablement au-dessus de l'esprit
humain.... » Mieux vaut donc renoncer à cette
entreprise et s'en tenir, pour faire prospérer
une machine aussi délicate à manier qu'un
État, aux deux grands procédés de toute modification : le temps d'abord, c'est-à-dire l'hérédité ; l'art ensuite, c'est-à-dire la spécialité. »
Vraisemblablement M. Taine a pris l'admira-

tion du premier de ces procédés en Angleterre
et du second en Allemagne. J'imagine que s'il
rédigeait, comme son maître Spinoza, un traité
de politique, il commencerait par eux et con-
clurait de même.

Si l'on veut maintenant se rappeler les théories de gouvernement au nom desquelles s'est
faite la Révolution de 1789, on n'aura pas de
peine à constater qu'elles dérivent d'un Idéal
rationnel tout différent du principe historique
et positiviste sur lequel M. Taine s'est appuyé.
M. Taine, comme tous les philosophes qui
voient dans l'Etat un organisme, doit considérer et considère l'inégalité comme une loi
essentielle de la société. La Révolution avait
pour premier axiome que, sous un certain
point de vue, tous les hommes sont égaux.
Comme nous venons de le voir, une constitution est pour M. Taine une œuvre *à posteriori*,
construite par l'expérience, qui doit constater
les coutumes et non les créer, enregistrer et
régulariser, non défaire. Ç'a été le suprême
acte de foi de la Révolution de proclamer la
souveraineté créatrice de la Raison. Puis, la
Révolution admet que tout citoyen est propre
à tout. Souvenez-vous de l'éloquent passage

où Michelet développe, lui aussi, cette thèse à laquelle les sélections des grandes guerres n'ont pas donné tort, au moins pour un temps, et comparez l'opinion que M. Taine professe à l'égard des spécialistes. La Révolution pose encore, avec l'auteur de l'*Émile*, cette idée que l'homme est naturellement raisonnable et bon; c'est la société mal faite qui le rend mauvais. M. Taine, pareil à tous ceux qui croient aux obscures origines animales de l'homme, est persuadé qu'une bête féroce mal endormie peut se réveiller dans chacun de nous. « L'homme est un carnassier, dit-il quelque part, il l'est par nature et par structure, et jamais la nature ni la structure ne laissent effacer ce premier pli. Il a des canines comme le chien et le renard, et, comme le chien et le renard, il les a enfoncées dès l'origine dans la chair d'autrui. Ses descendants se sont égorgés avec des couteaux de pierre pour un morceau de poisson cru. A présent encore, il n'est pas transformé, il n'est qu'adouci. La guerre règne comme autrefois, seulement elle est limitée et partielle... » Décréterez-vous la royauté du peuple si vous le voyez composé de la sorte? Enfin la Révolution, comme son

14.

nom l'indique, a été révolutionnaire. Elle a
commencé par faire place nette. Elle a eu la
méthode de son principe. Principe et méthode
devaient répugner au philosophe de l'évolution
lente, et, de fait, rien dans le mouvement de
1789 n'a trouvé grâce devant sa critique aiguë,
excepté la guerre contre l'étranger; et le motif
qu'il donne de son admiration pour les soldats
de cette héroïque époque mérite d'être noté,
car il montre bien comment le philosophe est
demeuré jusqu'au bout conséquent avec lui-
même : « Ils ont été, dit-il, ramenés au sens
commun par la présence du danger, ils ont
compris l'inégalité des talents et la nécessité
de l'obéissance... »

M. Taine professe donc une antipathie invincible pour les œuvres et les hommes de la
Révolution, et en cela il est logique. Il ne l'est
pas moins en professant la même antipathie
pour les hommes et les œuvres de l'Ancien
Régime. Car si la Révolution s'est faite à l'encontre de toutes les idées de sa doctrine politique, l'Ancien Régime n'était pas davantage
conforme à ces idées. Et d'abord, persuadé
comme il l'est de la nécessité inéluctable qui
rattache tout phénomène à ses antécédents, il

ne peut pas distinguer, comme le fait l'opinion
commune, et opposer cet Ancien Régime à la
Révolution. Il voit dans le premier de ces deux
faits la cause directe et séculaire du second.
« Ils sont, affirme-t-il quelque part à propos
des Jacobins, les successeurs et les exécuteurs
de l'Ancien Régime, et quand on regarde la
façon dont celui-ci les a engendrés, couvés,
nourris, intronisés, provoqués, on ne peut
s'empêcher de considérer son histoire comme
un long suicide... » Et là-dessus, dans un chapitre d'une condensation extrême, il montre
comment les règles maîtresses de la santé politique ont été violées, les unes après les autres.
Lui qui définit l'État un organisme, c'est-à-dire
un assemblage de centres locaux, tous actifs
et progressifs, il ne peut que répugner à la mo-
narchie unitaire et absolutiste de Louis XIV
qui, concentrant tous les pouvoirs dans la main
du roi et toutes les forces vives de la nation
dans la cour, a tari l'existence provinciale.
Partisan de la spécialité intelligente, il ne peut
que déplorer la conduite de l'aristocratie française et du clergé, qui n'ont pas su comprendre
les obligations de leurs privilèges et garder la
primauté du talent comme ils avaient la pri-

mauté du titre et du rang. L'Ancien Régime,
en exagérant par la vie de cour l'importance
des qualités de finesse et d'agrément, a petit à
petit développé, puis porté à son plus intense
degré ce que M. Taine appelle l'esprit classique, c'est-à-dire qu'à l'étude directe de la
réalité l'idéologie s'est substituée, et à la méthode expérimentale les procédés de la raison
abstraite et mathématique. Enfin M. Taine
appartient à une école qui professe trop nettement le culte des faits accomplis pour ne pas
juger comme vains tous les efforts que pourraient tenter vers le passé les apôtres de la
réaction. Bienfaisante ou malfaisante, la Révolution a eu lieu, et la sagesse consiste à compter
avec elle comme avec un de ces faits accomplis.
Relisez maintenant la préface de 1875 que
l'historien a mise à la tête de son grand ouvrage sur les *Origines de la France contemporaine*, et vous apercevrez les raisons profondes de l'étrange solitude d'opinion où il s'est
placé, — solitude qui lui attire aujourd'hui les
reproches des républicains, comme elle lui at-
tirait les anathèmes de l'évêque d'Orléans :
« En 1849, ayant vingt et un ans, j'étais élec-
teur et fort embarrassé ; car j'avais à nommer

quinze ou vingt députés, et de plus, selon l'usage français, je devais non seulement choisir des hommes, mais opter entre des théories. On me proposait d'être royaliste ou républicain, démocrate ou conservateur, socialiste ou bonapartiste. Je n'étais rien de tout cela, ni même rien du tout... » Et depuis il n'a pas choisi davantage. Il était alors, il est aujourd'hui un philosophe parfaitement insoucieux de l'action, et qui se préoccupe seulement de la logique et de la sincérité de sa pensée, en politique comme ailleurs.

Trois questions peuvent être posées à l'occasion de l'*Histoire des origines de la France contemporaine*. La première intéresse les historiens. Que vaut la méthode, que valent les textes, que vaut la critique de l'auteur? La seconde intéresse les politiciens. Quelle est la portée exacte des théories, leur excellence ou leur insuffisance? — Le titre même de cet ouvrage me permet de répondre seulement à la troisième, qui intéresse le psychologue. Comment M. Taine est-il arrivé à produire une sorte de volte-face dans l'opinion de beaucoup de ses anciens admirateurs? J'ai essayé de /

montrer l'entière unité du développement de
ce sombre mais puissant esprit. Il représente,
avec une intensité singulière, la religion de
la science propre à la seconde moitié du
xix⁰ siècle français. A cette religion, il a tout
sacrifié, depuis les plus sublimes désirs du
cœur jusqu'aux plus légitimes désirs de popu-
larité. Il semble avoir tracé d'avance son portrait lorsqu'il a peint le M. Paul des *Philosophes classiques :* « Suivre sa vocation, chercher dans le grand champ du travail l'endroit
où on peut être le plus utile; creuser son sillon
ou sa fosse, voilà selon lui la grande affaire;
le reste est indifférent... » — Mais comment
creuser ce profond et large sillon sans couper
sur leur pied beaucoup de fleurs ?

V

STENDHAL (HENRY BEYLE)

STENDHAL (HENRI BEYLE)

———

Le lecteur s'étonnera peut-être que, dans
cette série d'études consacrées à certains cas
singuliers de psychologie contemporaine, j'arrive à parler d'un écrivain mort au mois de
mars 1842 et qui eut ses vingt ans sous le Consulat. Si l'on s'en rapporte aux dates, l'énigmatique personnage qui signa du pseudonyme
de Stendhal deux des chefs-d'œuvre du roman
français, et se fit appeler *Arrigo Beyle*, *Milanese*, sur la pierre de son tombeau, appartient
à une époque littéraire bien éloignée de la
nôtre. Mais un tour d'esprit très original, et
rendu plus original par une éducation très personnelle, voulut que ce soldat de Napoléon
traversât son époque littéraire comme on tra-

15

verse un pays étranger dont on ne sait pas la
langue, — sans être compris. Il écrivit beaucoup et ne fut guère lu. Même les rares amis
q il le connurent et qui l'apprécièrent n'espé-
raient point pour lui cette gloire posthume,
laquelle va grandissant de telle sorte que nous
disons couramment à l'heure présente : Balzac
et Stendhal, comme nous disons Hugo et Lamartine, Ingres et Delacroix. Il y a une raison
à ce fanatisme — car Henri Beyle a ses fanatiques — de 1882, comme il y eut une raison
au dénigrement, ou plutôt à l'indifférence, qui
accueillit les publications du romancier de
1830. Cet homme de lettres, qui fut aussi un
homme de caserne et un homme de chancel-
lerie, eut le dangereux privilège de s'inventer
des sentiments sans analogue et de les raconter
dans un style sans tradition. Les sentiments
ne furent point partagés, et le style ne fut point
goûté. Il avait donné lui-même la raison de
cet insuccès, le jour où il formula cette vérité
profonde que, de confrère à confrère, les éloges
sont des certificats de ressemblance. Mais n'en
est-il pas ainsi de ces milliers d'éloges ano-
nymes qui vont du public à l'écrivain, et se
résument dans l'applaudissement passager de

la vogue, ou l'acclamation durable de la gloire?
Henri Beyle était, vis-à-vis de ses contemporains, comme le Julien Sorel de *Rouge et Noir*
vis-à-vis des séminaristes, ses compagnons :
« Il ne pouvait plaire, il était trop différent... »
Tout au contraire, il se trouve ressembler, par
quelques-unes des dispositions habituelles de
son âme, à beaucoup de nos contemporains à
nous, qui reconnaissent dans l'auteur des *Mémoires d'un Touriste* et de la *Chartreuse de
Parme* comme une épreuve avant la lettre de
plusieurs traits de la sensibilité la plus moderne.
Beyle disait, avec un flair surprenant de sa
destinée d'artiste : « Je serai compris vers
1880. » Il y a quarante ans, cette phrase choquait comme une outrecuidance ; aujourd'hui,
elle étonne comme une prophétie. Expliquer
pourquoi cette prophétie ne s'est pas trompée,
et pourquoi nous aimons d'un amour particulier ce méconnu d'hier, ne sera-ce pas expliquer par quelles nuances nous différons de nos
prédécesseurs? Qui peut affirmer que dans
quarante autres années, ce même Stendhal et
ses fervents ne seront pas enveloppés d'un profond oubli par une nouvelle génération, qui
goûtera la vie avec des saveurs nouvelles? Ce

point d'interrogation doit hanter souvent la
pensée de ceux qui font profession de peindre
leur rêve du monde « avec du noir sur du
blanc ». Car la grande incertitude de la renommée littéraire a ceci de bon qu'elle nous
guérit des inutiles ambitions d'immortalité et
nous amène à ne plus écrire, comme Stendhal
lui-même, que pour nous faire plaisir, à nous-
mêmes et à ceux de notre race. — Mais comment toucher les autres, et à quoi bon ?...

I

L HOMME

Deux amis, d'inégale intelligence mais d'une
égale affection, ont tracé d'Henri Beyle des
portraits qui se complètent heureusement l'un
l'autre. Le plus connu est celui que Mérimée
fit courir sous le manteau et qu'il étiqueta de
ce titre clandestin : « H. B., par l'un des Quarante. » On retrouvera cette étude d'après nature en tête de l'édition actuelle de la *Correspondance* de Stendhal, mais signée, cette fois,
en toutes lettres, et débarrassée de plusieurs

traits un peu vifs. L'autre portrait, placé aujourd'hui dans le même volume que l'étrange
roman d'*Armance*, est dû à un camarade d'enfance de Beyle, son exécuteur testamentaire, le
Dauphinois R. Colomb. Il porte en épigraphe
cette phrase, tirée des papiers du mort :
« Qu'ai-je été? Que suis-je? En vérité, je serais
bien embarrassé de le dire... » La notice de
Mérimée fixe quelques détails de la physionomie virile de Beyle, celle de Colomb marque
quelques lignes de sa physionomie adolescente. Ni l'une ni l'autre ne valent, pour nous
introduire à fond dans cette âme compliquée
d'artiste et de diplomate, de philosophe et d'officier, les livres mêmes du Maître, ceux-là surtout comme la *Correspondance*, comme le
journal de son premier voyage en Italie :
Rome, Naples et Florence, et comme ces *Mémoires d'un Touriste*, résidu de ses nombreux voyages en France, où l'homme s'abandonne et cause tout uniment. Les mots se
succèdent. Les idées jaillissent. Vingt anecdotes
se croisent. L'accent du conteur est si fidèle-
ment noté que l'oreille entend une voix qui
darde les phrases brèves et fines. Ainsi parlait
Beyle lorsque, dans ses soirs de mélancolie, il

se grisait de son propre esprit « pour mettre
des événements entre son malheur et lui », —
ou dans ses soirs de gaieté un peu folle, quand
il jouait à la raquette avec un partner de conversation, au milieu de cette atmosphère sociale
qui l'enchantait : « Un salon de huit à dix personnes aimables, où le bavardage est gai,
anecdotique, et où l'on prend du punch léger
à minuit et demi... » Dans un fragment ina-
chevé, il s'est dépeint sous le nom de Roizard
en une ligne saisissante : « Lorsqu'il n'avait
pas d'émotion, il était sans esprit. » Et c'est
bien cet esprit, en effet, toujours teinté d'émotion, — cet esprit qui est une façon de sentir
plus encore qu'il n'est une façon de penser, —
cet esprit, amusé à la fois et passionné, curieux et mobile, vivant surtout, et personnel
comme la vie même, qui court à travers ces
pages sans correction, écrites, comme au bi-
vouac, sur le coin du genou. Mais quelle correction savante a ce charme de naturel, cette
fraîcheur de pensée saisie comme à sa source?
A lire et à relire ces involontaires confidences
d'un écrivain qui croit ne noter que des théories, et qui révèle son cœur et ses nerfs à chaque
minute, toutes les influences qui ont façonné ce

génie singulier deviennent visibles. C'est la chair et c'est les muscles qui apparaissent sur le squelette des faits matériels de cette existence, aussi colorée que psychologique. L'homme ressuscite au regard de l'imagination qui songe et, avec lui, les trois ou quatre grandes causes qui l'ont amené à représenter prématurément quelques-unes de nos manières de jouir et de souffrir, bien qu'il y ait, entre lui et nous, ce vaste cimetière de deux générations mortes.

C'est donc une causerie que ces livres, et cette causerie est celle d'un artiste dont la sensibilité, merveilleusement agile, s'émeut à l'occasion d'innombrables objets. Mais sous l'artiste il y a un philosophe, et même le philosophe domine sans cesse. La faculté souveraine de cette pensée en mouvement réside dans l'invention d'idées générales; et ce plaisir de ramasser en une formule une collection de menus faits est tellement vif pour cet esprit ardent, qu'il lui sacrifie tout : jolis effets de mots, belles images, musique des périodes. Comme il arrive aux intelligences de cet ordre, les idées générales mêmes lui paraissent bientôt trop particulières; elles se subordonnent à

de plus générales ; un système se dégage, dont
les qualités et les défauts expliquent la puissance et les insuffisances des analyses qu'il a
commandées. Beyle n'est pas seulement un
philosophe, c'est un philosophe de l'école de
Condillac, d'Helvétius et de leur continuateur,
Destutt de Tracy. Il a subi, jusque dans les
moelles, l'influence du sensualisme idéologue,
qui est celui de ces théoriciens. Avec eux, il
attribue à la sensation l'origine de toute notre
pensée. Avec eux, il résout dans le plaisir tous
nos mobiles d'action et tous nos motifs. Poussant ses premiers principes jusqu'à leur extrême conséquence, il considère que le tempérament et le milieu font tout l'homme. Sa métaphysique sommaire le rend implacable pour
toutes les inventions de l'Idéalisme allemand,
comme elle le rend féroce sur l'article de la
religion. « Le papisme, disait-il souvent, est
la source de tous les crimes. » Il est athée à
la manière d'André Chénier, jusqu'au délice.
On connaît sa phrase célèbre : « La seule
chose qui excuse Dieu, c'est qu'il n'existe pas. »
Il est matérialiste, jusqu'à l'héroïsme : « Je
viens de me colleter avec le néant, écrit-il
après sa première attaque d'apoplexie; c'est

le passage qui est désagréable, et cette horreur
provient de toutes les niaiseries qu'on nous a
mises dans la tête à trois ans. » Il ne se contentait pas de penser ainsi pour son propre
compte, il faisait des élèves. Il endoctrina
Jacquemont, il prêcha Mérimée, auquel il
reprochait « le manque d'avoir lu Montesquieu,
Helvétius et de Tracy ». Ni la faveur du public pour les Écossais et Jouffroy, pour l'hégélianisme et Cousin, ni le renouveau de piété
poétique qui signala le romantisme naissant,
n'entamèrent cette première foi philosophique
qui, de sa pensée, descendit dans son style.
Les condillaciens définissaient la langue une
algèbre, et Beyle écrivit, en effet comme un
algébriste. Les critiques lui ont reproché de
négliger sa forme. C'est à peu près comme si
on reprochait à un mathématicien les abrévia-
tions de ses polynômes. Pour justifier sa manière d'écrire, Beyle disait : « Souvent je réfléchis un quart d'heure pour placer un adjectif
après un substantif... » Il était de bonne foi, et
il ajoutait que les raisons de cette place de
l'adjectif et du substantif lui étaient dictées par
la logique : « Si je ne vois pas clair, tout mon
monde est anéanti... » Reconnaissez-vous le

15.

disciple de cette forte école d'analystes français,
pour laquelle la précision a toujours été la
qualité psychologique par excellence ?. Beyle a
dit encore : « Pour être bon philosophe, il faut
être sec, clair, sans illusion. Un banquier qui
a fait fortune a une partie du caractère requis
pour faire des découvertes en philosophie,
c'est-à dire, pour *voir clair dans ce qui est.* »

A vingt ans, les livres qu'on lit avec passion
donnent une expérience, le métier qu'on choi-
sit ou qu'on subit en donne une autre, souvent
contradictoire. Tel fut le cas d'Henri Beyle. A
peine au sortir des livres, il fit la guerre. Avec
quelles ardeurs d'enthousiasme, les fragment
de sa *Vie de Napoléon* suffisent à l'attester.
Une éloquence contenue y trahit l'émotion
profonde. « J'éprouve une sorte de sentiment
religieux en écrivant la première phase de la
vie de Napoléon... » L'image du grand général s'associait, dans le souvenir de Stendhal,
aux plus enivrantes impressions de danger héroïque et de jeunesse enfin délivrée. Il faut songer qu'en avril 1800, lorsqu'il partit pour les
régiments d'Italie, il exécrait sa famille, dont il
était du reste maudit, que son existence d'étudiant à Paris avait été précaire et maladive,

puis qu'il allait faire campagne sous le plus
beau ciel du monde et avec la plus glorieuse
armée. C'était de quoi remuer délicieusement
un cœur généreux auquel la présence du dan
ger procurait un spasme à demi terrible, à
demi voluptueux. Il y a un frisson nerveux
d'une espèce unique et qui se rencontre dans
un mélange d'extrême bravoure et de nervo-
sité folle. Beyle connut ce frisson et s'y complut, au point que vous le retrouverez chez
tous ses personnages. Il disait : « J'ai eu un
lot exécrable jusqu'au passage du mont Saint-
Bernard. Mais, depuis lors, je n'ai plus eu à
me plaindre du destin... » Il servait au 6ᵉ dra-
gons et fut nommé sous-lieutenant à Roma-
nego, entre Brescia et Crémone. Plus d'un
passage de ses livres rappelle, avec une sorte
de coquetterie du péril affronté, cette épaulette
et cette campagne. Une note inattendue de
Rouge et Noir (chap. v) revendique pour le
romancier l'honneur d'avoir porté le long
manteau blanc et le casque aux longs crins
noirs, comme les soldats que Julien voit à leur
retour d'Italie attacher leurs chevaux à la fenêtre grillée de la maison de son père. Le début célèbre de la *Chartreuse de Parme*, où

Fabrice del Dongo assiste à la bataille de
Waterloo, comme une jeune fille assiste à un
premier bal, avec un virginal frémissement
d'initiation, n'a pu être écrit qu'à la flamme
des souvenirs les plus passionnés, comme la
dédicace à Napoléon vaincu de l'*Histoire de
la Peinture en Italie*, si touchante d'admiration fière, n'a pu être composée qu'avec la
nostalgie de ces mois héroïques., Cette nostalgie justifie encore l'*Arrigo Beylè, Milanese*,
de l'épitaphe. En 1840, et lorsque la question
d'Orient se dénoua d'une manière pacifique,
Stendhal déclara qu'en reculant devant la
guerre, le gouvernement déshonorait le pays,
et il donna sa démission de Français. Comme
tous les goûts très vifs, cette ardeur pour les
hardies délices de l'existence militaire se com-
pensait par de dures rancœurs. En 1813, et
dans un journal écrit sur les hauteurs de Baut·
zen pendant la canonnade, Beyle écrivait : « Je
notais au crayon que c'était une belle journée
de *beylisme*, telle que je me la serais figurée et
avec assez de justesse, en 1806. J'étais commo-
dément, et exempt de tous soucis, dans une
belle calèche, voyageant au milieu de tous les
mouvements compliqués d'une armée de

140,000 hommes poussant une autre armée de 160,000 hommes, avec accompagnement de Cosaques sur les derrières. Malheureusement, je pensais à ce que Beaumarchais dit si bien: Posséder n'est rien, c'est jouir qui est tout... Je ne me passionne plus pour ce genre de plaisir. J'en suis saoul, qu'on me passe l'expression. C'est un homme qui a trop pris de punch et qui a été obligé de le rendre. Il en est dégoûté pour la vie. Les intérieurs d'âmes que j'ai vus dans la retraite de Moscou m'ont à jamais dégoûté des observations que je puis faire sur les êtres grossiers, sur ces manches à sabre qu'on appelle une armée... » Dépit d'amoureux et qui ne l'empêchait pas de s'attendrir à la seule idée de ces années passées « à manger son bien à la suite du Grand Homme », l'expression est de lui. « J'avais trop de plaisir, écrivait-il à Balzac pour excuser la longueur du début de la *Chartreuse*, j'avais trop de plaisir à parler de ces temps heureux de ma jeunesse... » On a souvent cité, pour marquer d'un trait son courage, l'anecdote qui le montre faisant sa barbe pendant la retraite de Russie, — crânerie de soldat bien caractéristique en effet de tout un côté de l'âme de Beyle

cette âme follement éprise de l'action, jusqu'à
s'être proposé comme sujet d'un livre : l'*Histoire de l'énergie en Italie !*

L'Italie ! ce mot revient sans cesse sous la
plume de Beyle. Il en écrit les syllabes comme
le personnage du poème de Virgile dut les prononcer, avec adoration. C'est qu'il l'avait connue et goûtée, cette belle Italie, dans la période la plus exaltée de sa jeunesse et quand
toutes les fièvres de la vie brûlaient son sang.
Il savoura, comme un barbare, cette voluptueuse impression animale du soleil, si caressante à ceux dont la jeunesse a grandi sous les
nuages du Nord. Une atmosphère translucide
enveloppe les maisons closes et dont les pierres roussies communiquent comme une chaleur au regard. Rien qu'à respirer, l'âme est
allégée, le corps vit à l'aise. La créature humaine est naturellement belle à contempler
sous ce ciel pur. La magnifique lumière sauve
de la laideur même les haillons des mendiants.
Une architecture originale fait de chaque ville
une occasion nouvelle de rêves, comme un
foisonnement prodigieux de toiles et de fres-
ques en fait un paradis nouveau de plaisirs es-
thétiques. Il est aussi une grâce spéciale aux

femmes de chacune de ces villes, et quand
Beyle entra pour la première fois à Milan,
quelle liberté intacte des mœurs! Nous savons
par ࣵ mémoires de cet étonnant Casanova, si
bien nommé Aventuros par le prince de Ligne,
quelle douce vie, riches et pauvres, nobles et
plébéiens, menaient dans les cités italiennes de
la fin du xviii° siècle. Presque la même facilité d'habitudes aimables s'offrit aux passions
des jeunes officiers du jeune vainqueur de Ma-
rengo. Ce fut une griserie heureuse de toute
une armée, et une griserie exquise de Beyle,
entre tous, car entre tous il raffolait du naturel
et de ce qu'il nommait, en épicurien sentimental, le Divin Imprévu : « Qu'on juge de mes
transports, disait-il bien des années après,
quand j'ai trouvé en Italie, sans qu'aucun
voyageur m'eût gâté le plaisir en m'avertissant,
que c'était justement dans la bonne compagnie
qu'il y avait le plus d'imprévu... » Et jusqu'au
moment où il put retourner vers cette patrie de
félicité intime, ce ne sont que désirs d'amant
éloigné, rêveries tendres, impatiences brûlan-
tes. De Donawerth, en avril 1809, il écrit à un
ami: « A cinq heures vingt minutes, départ
pour Augsbourg; journée charmante. J'aper-

çois tout à coup les Alpes : moment de bonheur. Les gens à calcul, comme Guillaume III, par exemple, n'ont jamais de ces moments-là. Ces Alpes étaient, pour moi, l'Italie... » Et de Vienne, un mois plus tard : « J'ai éprouvé, les premiers jours de mon séjour à Vienne, ce contentement intérieur et bien-être parfait que Genève seule m'avait rappelé depuis l'Italie..;» Et de Smolensk, en 1812 : « Croirais-tu que j'ai un vif plaisir à faire des affaires officielles qui ont rapport à l'Italie? J'en ai eu trois ou quatre qui, même finies, ont occupé mon imagination comme un roman... » Et aussitôt qu'un congé lui permet de passer les Alpes : « Transports de joie! Battements de cœur! Que je suis encore fou à vingt-six ans! Je verrai donc cette belle Italie! Mais je me cache soigneusement du ministre : les eunuques sont en colère permanente contre les libertins. Je m'attends même à deux mois de *froid* à mon retour. Mais ce voyage me fait trop de plaisir ; et *qui sait si le monde durera trois semaines?...* »

La philosophie du xviii° siècle, la poésie de la guerre, celle de l'Italie, voilà les trois maîtresses causes qui ont gouverné le développe-

ment de Beyle; il s'y abandonna sans arrière-
pensée, et comme un nageur qui s'abandonne
au courant qui le porte. Mais cet abandon ne
fut pas une abdication de sa personne. Qu'il
feuilletât un livre de Tracy, qu'il entrât dans
Berlin le pistolet au poing, ou qu'il s'accoudât
sur le rebord d'une loge à la Scala, il fut toujours l'homme sensuel, perspicace et romanesque, dont ses lettres révèlent les facultés contradictoires. La gravure, — très ressemblante,
m'affirme M. Barbey d'Aurevilly, un de ses
voisins d'Opéra, — qui se trouve placée à la
première page du premier volume de ces lettres, nous montre un personnage à larges
épaules, à col très court, à fortes mâchoires,
avec un front carré, un nez bien ouvert, une
bouche serrée et des yeux aigus. Tout enfant,
ses camarades l'appelaient « la tour », à cause
de son ampleur précoce. Il était de tempérament vigoureux, de bonne heure tourmenté
par la goutte et prédestiné à l'apoplexie. Très
robuste, il fit la guerre sans fatigue. Très
sensuel, il rencontra dans les théories de Cabanis une doctrine à sa portée, comme il rencontra dans les mœurs italiennes un laisser-aller
à sa convenance. Un passage connu de George

Sand nous le montre scandalisant par sa cru-
dité la romancière alors en voyage avec Musset. Un morceau moins connu de Balzac, qui
s'intitule « Conversation entre onze heures et
minuit », lui prête une anecdote rabelaisienne
jusqu'au cynisme. Mais ce tempérament vigoureux s'accompagnait d'une imagination toute
psychologique, c'est-à-dire très bien outillée
pour se représenter des états de l'âme. Le contraste est assez piquant pour que l'on y insiste.
Quand cet amoureux de la forte vie physique
décrit un de ses héros, précisément il laisse de
côté les détails de cette vie physique et note
seulement les détails de la vie morale. C'étaient,
semble-t-il, les seuls qu'il sût voir. S'il peint
un visage, c'est d'une façon rapide, presque
toujours pour signifier un petit fait intérieur, et
il exécute cette peintu:e avec des mots sans
couleur. Il dira de Julien Sorel qu'il avait des
« traits irréguliers, mais délicats, un nez aqui-
lin, de grands yeux noirs et des cheveux châ-
tain foncé, plantés très bas »... et il passe.
Plus une fois, au cours du roman, il ne revien-
dra sur les détails visibles de cette physionomie
de l'homme qu'il a le plus complaisamment
étudié. Une maison, un ameublement, un pay-

sage, tiennent en une ligne. Et ce n'est point
là un parti pris de rhétorique ; il définit lui-
même le genre de son imagination lorsque,
parlant de ses procédés de style, il dit à Balzac : « Je cherche à raconter avec vérité et
avec clarté ce qui se passe dans mon cœur. »
Rapprochez ce mot des confidences d'un écrivain d'imagination physique, Théophile Gautier par exemple, ou Gustave Flaubert[1], vous
éprouverez une fois de plus que la première
question à se poser sur un auteur est celle-ci :
quelles images ressuscitent dans la chambre
noire de son cerveau lorsqu'il ferme les yeux ?
C'est l'élément premier de tout son talent. C'est
son esprit même. Le reste n'est que de la mise
en œuvre. Et toute l'habileté du plus savant
joailler va-t-elle jusqu'à changer un saphir en
une émeraude ?

Chez Stendhal, la rencontre si rare d'une
imagination psychologique et d'un tempérament violent se complétait par une sensibilité
délicate jusqu'au raffinement et tendre jusqu'à
la subtilité. C'est le trait le moins connu de son
caractère, celui qu'il dissimule de son mieux ;

---

1. Dans les *Hommes de lettres* des frères de Goncourt,
et l'*Intelligence* de M. Taine.

mais certaines phrases profondément, intimement sentimentales, de son traité sur l'*Amour*,
comme celle-ci, digne de Byron : « *Ave Maria*,
en Italie, heure de la tendresse, des plaisirs de
l'âme et de la mélancolie, heure des plaisirs
qui ne tiennent aux sens que par les souvenirs » ; ou cette autre si caressante : « Sans les
nuances, avoir une femme qu'on aime ne serait pas un bonheur, et même serait impossible... » ; — mais la création de Mme de Rénal
dans *Rouge et Noir*, et de Clélia Conti dans
la *Chartreuse*, ces figures presque célestes de
dévouement passionné ; — mais surtout quelques billets mystérieux de la *Correspondance*,
irréfutables indices pour qui sait lire, trahis-
sent chez ce moqueur et ce libertin le songe le
plus romanesque du bonheur. En 1819, il faisait cet aveu probablement sincère : « Je n'ai eu
que trois passions en ma vie : l'ambition, de
1800 à 1811 ; l'amour pour une femme qui
m'a trompé, de 1811 à 1818 ; et depuis un an
cet amour nouveau qui me domine et augmente
sans cesse. Dans tous les temps, toutes les distractions, tout ce qui est étranger à ma passion,
a été nul pour moi. Ou heureuse ou malheureuse, elle remplit tous mes moments... » A

une personne à laquelle il paraît avoir beaucoup donné de son cœur, il écrivait : « N'aie
pas la moindre inquiétude sur moi, je t'aime à
la passion ; ensuite, cet amour ne ressemble
peut-être pas à celui que tu as vu dans le
monde ou dans les romans. *Je voudrais, pour
que tu n'eusses pas d'inquiétude, qu'il res-
semblât à ce que tu connais au monde de plus
tendre...* ».Et ce mot *tendre* revient constam-
ment dans ses confidences, soit qu'il reproche
à Mérimée de n'avoir pas dans ses récits un je
ne sais quoi « de délicatement tendre », soit
qu'il raconte les émotions que lui procure un
air de Cimarosa ou une fresque du Corrége,
ses maîtres préférés, soit encore qu'il déclare
sa faiblesse de cœur : « une phrase touchante,
une expression vraie du malheur, entendues
dans la rue, surprises en passant près d'une
boutique d'artisan, m'ont toujours attendri
jusqu'aux larmes... » Il rencontre pour la première fois Byron dans la loge de Ludovic de
Brême, à la Scala : « Je raffolais alors de *Lara* ;
dès le second regard, je ne vis plus lord Byron
tel qu'il était réellement, mais tel qu'il me semblait que devait être l'auteur de *Lara*. Comme
la conversation languissait, M. de Brême cher-

cha à me faire parler. C'est ce qui m'était impossible. J'étais rempli de timidité et de tendresse. Si j'avais osé, j'aurais serré la main de
Byron en fondant en larmes... » Exaltation
charmante chez un analyste de cette acuité,
mais bien digne de celui qui avait trouvé dans
l'arrière-fond aimant de son âme cette définition de la beauté : « C'est une promesse de
bonheur... »; de celui qui fait prononcer à son
Julien cette phrase aussi troublante que les
plus troublantes de Shakespeare : « Ah! se
disait-il en écoutant le son des vaines paroles
qu'il disait par devoir à Mathilde, comme il
eût fait un bruit étranger, *si je pouvais couvrir
de baisers ces joues si pâles, et que tu ne le
sentisses pas!...* » Deux ans avant sa mort et
n'ayant pu tuer en lui ce pouvoir cruel de se
sentir vibrer si finement au contact de la vie,
il écrivait à un ami, avec une tristesse trop
justifiée par les déceptions de la vieillesse commençante : « Ma sensibilité est devenue trop
vive. Ce qui ne fait qu'effleurer les autres me
blesse jusqu'au sang. Tel j'étais en 1789, tel
je suis encore en 1840. Mais j'ai appris à cacher tout cela sous de l'ironie imperceptible du
vulgaire! »

Qu'on se représente maintenant cet être complexe, à la fois hardi comme un dragon, subtil comme un casuiste, sensible comme une femme, soumis aux trois grandes influences que j'ai marquées tout à l'heure. Comme il a lu les philosophes et qu'il philosophe lui-même avec délice, il présente ce très étrange phénomène de l'analyse dans l'action et dans la passion, et il découvre des nuances toutes nouvelles en psychologie. Comme il a beaucoup voyagé à la suite de l'empereur et qu'il s'est fait des patries momentanées dans plusieurs villes de sa chère Italie, il est un des représentants les plus complets du cosmopolitisme moderne. Comme enfin il a beaucoup comparé, beaucoup senti, et, suivant sa formule favorite, dépensé sa fortune et sa santé en expériences, il énonce sur la France contemporaine quelques jugements d'une portée considérable, et il a la chance de les condenser dans un roman qui est un chef-d'œuvre, j'ai nommé le *Rouge et le Noir*. Ce sont les trois points que je voudrais examiner l'un après l'autre.

II

L'ESPRIT D'ANALYSE

Tout romancier a un procédé habituel de mise en œuvre, si l'on peut dire, qui tient de très près à sa façon de concevoir les caractères de ses personnages. Ce procédé servirait aisément d'étiage pour qui voudrait mesurer la profondeur psychologique des divers écrivains. Tel conteur aboutit toujours et presque tout de suite au dialogue, comme tel autre à la description. C'est que le premier voit surtout dans l'homme sa prise et son action sur les autres hommes, tandis que le second voit surtout le peuple d'atomes qui, des choses extérieures, pénètre peu à peu dans l'âme. Un troisième morcelle son récit en menus chapitres très courts, et compose ses héros d'une mosaïque d'idées et de sensations. C'est qu'il voit surtout les menus émois du système nerveux, et qu'en effet les créatures très nerveuses n'ont que des passages et que des moments. Le procédé de Stendhal est le soliloque. Certes, les

personnages de ses récits sont des hommes
d'action. Dans *Armançe*, Octave de Malivert
se bat en duel, et s'empoisonne. Dans le *Rouge
et le Noir*, Julien Sorel, après force aventures
dangereuses, assassine son ancienne maîtresse
et monte sur l'échafaud. Comme on sait, le Fabrice de la *Chartreuse* commence par charger à
Waterloo. Nous n'avons pas affaire à un écrivain sans invention et qui campe sur pied une
sorte de musée de figures de cire. Octave, Julien,
Fabrice, — j'ai choisi exprès les trois héros
des grands romans de Beyle, — vont et viennent, risquent leur vie, osent beaucoup, varient
à l'infini les circonstances de leur destinée...,
et tout le long du livre cependant, l'auteur les
montre qui tâtent le pouls à leur sensibilité.
Il en fait des psychologues, voire des ergo-
teurs, qui se demandent sans cesse comment
ils sont émus, et s'ils sont émus ; qui scrutent
leur existence morale dans son plus intime ar-
cane, et réfléchissent sur eux-mêmes avec la
lucidité d'un Maine de Biran ou d'un Jouffroy.
Et les soliloques succèdent aux soliloques. Octave est atteint d'une difformité secrète qui ne
lui permet pas de se marier sans se déshonorer
à ses propres yeux ; il se surprend à aimer sa

cousine Armance de Zohiloff... « Ah! une belle
âme! s'y attacher pour jamais, vivre avec elle
et uniquement pour elle et pour son bonheur !
Je l'aimerais avec passion, je *l'aimerais*, moi,
malheureux... », et un interminable monolo-
gue commence, non point prononcé comme
ceux des pièces de théâtre, mais pensé, comme
il convient dans un roman d'analyse, et comprenant l'infini détail d'une vaste association
d'idées. Pareillement, dans le *Rouge et le
Noir*, une page sur deux est remplie par la
discussion que les personnages soutiennent à
chaque instant avec eux-mêmes. Julien Sorel
est le secrétaire du marquis de la Môle, il a
reçu un billet d'amour de Mathilde, la fille de
son protecteur. Trois chapitres suivent, consacrés au combat intérieur qui se livre dans Julien entre ces hypothèses contradictoires : Mathilde est-elle sincère? Est-elle la complice
d'une machination contre le secrétaire du marquis? En dix phrases, il y a dix volte-face de
ces questions angoissantes. Un traité de confession ne décompose pas plus finement les
données d'un problème d'âme. Tout en galo-
pant à la suite du maréchal Ney, parmi les
éclats de terre soulevés par les boulets, Fabrice

del Dongo poursuit de même un long mono-
logue. *Fabrice se dit....*, *Fabrice se de-
manda...*, *Fabrice comprit...*, — ces formules
reviennent avec une monotonie qui touche à
l'obsession. Et lorsque le drame arrive, lorsque l'homme agit, quand Octave boit un mélange d'opium et de digitaline, quand Julien, à
minuit, applique une échelle contre les fenêtres de Mlle de la Môle, quand Fabrice pique
en avant sur un groupe de soldats suspects, ce
n'est qu'à la suite d'un examen de conscience si
minutieux que, pour beaucoup de lecteurs, l'illusion de la réalité devient impossible. Sainte-
Beuve était du nombre, et les articles qu'il a
consacrés aux romans de Stendhal témoignent
qu'il ne put jamais s'intéresser à ce qu'il consi-
dérait comme des problèmes arbitraires de
mécanique morale. Il est vraisemblable que
Flaubert détestait « monsieur Beyle », ainsi qu'il
l'appelait, pour la même raison. Henri Beyle
ne se fût pas plus froissé des articles de Sainte-
Beuve que des épigrammes de Flaubert. Je
crois l'entendre répéter, avec son sourire des
jours d'ironie, cette phrase de *Rouge et Noir* :
« Ma présomption s'est si souvent applaudie
de ce que j'étais différent des autres... Eh bien,

j'ai assez vécu pour voir que *différence en
gendre haine.* »

Sainte-Beuve, en effet, trompé sur ce point,
comme il le fut au sujet de Balzac, par des
préjugés d'éducation, et Flaubert égaré, comme
il le fut à l'endroit de Musset, par des préjugés d'esthétique, n'aperçoivent pas que la manière de conter de Stendhal constitue une méthode non seulement d'exposition, mais de
découverte. Je la comparerais volontiers à une
sorte d'hypothèse expérimentale. Pareil en
cela aux romanciers de tous les temps, Stendhal n'a jamais fait que la psychologie de ses
facultés. Son procédé consiste à varier à l'infini les circonstances où il place ces facultés,
puis il charge le personnage de noter lui-même
les modifications que ces circonstances ont dû
produire. Et ce n'est point là un artifice d'écrivain. Le personnage, tel que Stendhal le con-
çoit à sa ressemblance, a comme maîtresse
pièce de sa machine intérieure l'esprit d'analyse. Le romancier n'a pas besoin de décomposer par le dehors les mobiles d'action d'une
telle âme, car il est dans l'essence de cette âme
d'agir à la fois et de se regarder agir, de sentir
et de se regarder sentir. Si le récit abonde en

raisonnements compliqués et spécieux, c'est
que les héros qu'il met en scène font en réalité
ces raisonnements. Il y a beaucoup de groupes
différents dans cette illusoire unité de la vaste
espèce humaine. Celui que Stendhal étudie a
pour trait distinct la puissance, et, si l'on veut,
la manie de la dissection intime. Ne pas aimer
cette façon d'être, vous le pouvez ; prétendre
qu'elle est factice, vous ne le pouvez pas ; l'auteur n'avait qu'à se citer comme un exemplaire
accompli du groupe, et nous autres, qui venons
après lui et souffrons comme lui de cette excessive acuité de l'esprit d'analyse, nous arrive-
rions pour soutenir que les curiosités, ou plutôt les *cas* psychologiques, par lui décrits, sont
bien les nôtres.

Considérons d'abord le travail accompli
dans Stendhal lui-même par l'esprit d'analyse
et rappelons-nous la diversité des influences
qu'il a subies. C'est un philosophe et c'est un
idéologue. Son goût le plus vif est de découvrir
les motifs des actions des hommes, et, comme
il a lu Helvétius, ces motifs se réduisent pour
lui au seul plaisir. Ce qui l'intéresse dans un
homme, c'est sa façon d'aller à la chasse du
bonheur. Il répondait gravement à un provin-

16.

cial qui l'interrogeait sur sa profession : «...ob-
servateur du cœur humain...» Nécessairement,
c'est par son propre cœur qu'il commence cette
étude. Mais, en même temps qu'il est philosophe, il est viveur et il est soldat. Cette union
est singulière, et de celles qui doivent produire
des combinaisons singulières de sentiments.
D'habitude, en effet, les curieux de psychologie mènent une existence de cabinet, tandis
que les hommes de passion et qui agissent,
méprisent la psychologie ou bien l'ignorent.
Celui-ci, grâce aux hasards de sa destinée,
réfléchit tout ensemble comme les premiers,
et, comme les seconds, traverse des hasards de
toute nature. C'est un savant qui a des femmes
et qui fait la guerre. A ce double jeu de ses
facultés, il trouve des frissons de plaisir et de
tristesse, dont la description n'est pas dans les
livres. Il s'invente des émotions encore iné-
dites. S'il est amoureux, et si sa maîtresse lui
donne une marque de tendresse exquise, il a
deux bonheurs : d'abord parce que cette tendresse lui est précieuse, et aussi parce qu'il se
rend compte, avec une pénétration de confes-
seur, du secret travail du cœur qui l'a déter-
minée. Il regarde jouer le petit mouvement

intérieur de l'horloge qui lui a sonné l'heure douce. Et il écrit à cette maîtresse aimée : : « Que j'ai été heureux l'autre jour, ma chère ange, tu avais oublié tous les préjugés qui te viennent de ta voiture... » Phrase singulière au premier instant, délicieuse au second, car l'amant qui a écrit cette ligne trahit ainsi avec quelle délicatesse de thermomètre trop sensible il se plonge dans la pensée de celle qu'il aime, pour en noter les plus fines variations. S'il court un danger, comme de risquer sa vie à Bautzen, il se rend compte avec une lucidité parfaite des frémissements de ses nerfs, et il s'explique les raisons de cette angoisse enivrante, — combien enivrante, pour que ceux qui l'ont connue, la regrettent toujours dans la sécurité des années de paix ! « Le plaisir, écrit Beyle, consiste à ce qu'on est un peu ému par la certitude qu'on a que là se passe une chose qu'on sait être terrible... » S'il se trouve en détresse, comme à l'époque de la retraite de Moscou, parmi la panique et la sauvagerie de toute une armée, il s'administre des réactifs d'un ordre tout spécial : « Je lus quelques lignes d'une traduction anglaise de *Virginie,* qui, au milieu de la grossièreté générale, me rendit un peu de vie mo-

rale... » Et encore à un ami : « J'ai besoin
d'imagination ; achète-moi, je t'en prie, les
Martyrs de M. de Chateaubriand... » S'il se
raidit contre une peine accablante et tend tous
les muscles de sa volonté, il le fait, comme un
médecin soigne ses maladies, avec une merveilleuse entente de son anatomie intérieure :
« Lorsque le malheur arrive, il n'y a qu'un
moyen de lui casser la pointe, c'est de lui opposer le plus vif courage. L'âme jouit de sa
force, et la regarde, au lieu de regarder le malheur et d'en sentir amèrement tous les détails... » L'auteur de l'*Éthique* n'aurait pas dit
mieux[1], mais l'auteur de l'*Éthique* voyait les
passions, comme un géomètre voit les corps,
dans leur figure idéale et du fond de sa chambre
solitaire, au lieu que Beyle calcule et médite au
milieu de ces passions mêmes, et comme un
peintre qui copie un modèle d'après nature. Il
mène une vie d'officier en demi-solde, rencontrant des aventures et en profitant, toujours en

1. *Éthique*, partie III, proposition 53. « Cum Mens se
ipsam suamque agendi potentiam contemplatur, lætatur,
et eò magis quò se suamque agendi potentiam distinctius
imaginatur. » M. Taine, dans une étude sur *le Rouge et
le Noir*, avait déjà noté une curieuse analogie entre une
phrase de Stendhal et un théorème de Spinoza.

présence d'émotions réelles, et en redoublant
la réalité par une conscience acharnée de leur
détail. Quand il spécule sur l'amour, ce n'est
pas un amour abstrait qu'il a sous le micros-
cope de sa curiosité. Il voit un certain sourire
de femme et une certaine couleur des yeux :

> Il existe un bleu dont je meurs
> Parce qu'il est dans des prunelles...

Il est vivant aussi et dans des prunelles dont
il a contemplé tous les regards, ce bleu qui
torture ou qui ravit Beyle. S'il spécule sur le
danger, il entend une canonnade réelle et qui
tue des personnes qu'il connaît, qui peut le
tuer, lui qui respire, lui qui pense à ce coup de
canon et qui met la main sur sa poitrine pour
compter les battements de son cœur. L'analyse ici donne un coup de fouet à la sensation,
et si ce coup de fouet cingle les nerfs de tous
les personnages que Beyle nous décrit, c'est
que lui-même en avait éprouvé les cuisantes
délices. Et si nous aimons, nous, ces personnages, c'est qu'ils sont nos frères par ce mélange, presque impossible avant notre xixᵉ siècle
si compliqué, de naturel et de raffinement, de

réflexion et de sincérité, d'enthousiasme et
d'ironie!

Nous avons beau nous rébeller là contre et
réveiller en nous, fût-ce avec fureur, ce que le
langage vulgaire appelle l'être naturel, ce que
le langage exact appelle l'être instinctif, nous
ne pouvons pas débarrasser notre cerveau de
la pression formidable des tendances hérédi-
taires et des connaissances acquises. Nous ne
pouvons pas plus vivre dans l'inconscience,
que nous ne pouvons nous façonner une physionomie immobile et sereine de statue grecque.
Les enfants qui naissent parmi nous ont déjà
dans les rides de leur petit visage, et dans les
plis de leurs inertes mains, l'empreinte définie
d'un caractère. Ils bégayent, et la langue que
leur nourrice leur apprend est déjà un instrument d'analyse affiné par des siècles de civilisation. Ils grandissent, et les livres d'étrennes
qu'ils feuillettent les dressent déjà aux reploie-
ments de la conscience sur elle-même. Aucun
contrepoids ne vient corriger ce que cette hérédité, jointe à cette éducation, imprime de profondément retors à la pensée. Les événements,
autour de l'adolescence, se font de plus en
plus rares. La spontanéité rencontre de moins

en moins l'occasion de s'exercer. A vingt ans
donc, et lorsqu'au sortir de la lettre écrite nous
abordons la vie, que nous le voulions ou non,
notre âme est subtile et complexe, notre sensibilité n'est pas simple. Les moralistes peuvent
déclamer contre les précocités de l'esprit de
recherche. Les artistes, amoureux de la vie
plus large, peuvent réagir contre les mièvre-
ries du cœur que cette recherche produit, et
par réaction se ruer jusqu'à la brutalité grossière. Les scrupuleux enfin, et les délicats peuvent considérer l'analyse comme un élément
meurtrier de toute naïveté ou de toute sincérité. Il est des natures riches, bien au contraire,
pour lesquelles cette analyse est simplement
une occasion de porter une végétation de sentiments inconnus. Dans ces âmes d'élite, l'extrême développement des idées n'est pas mortel
à l'intense développement des passions; au
lieu de résister à l'esprit d'analyse, elles s'y
abandonnent, elles se complaisent à donner
au sentiment l'amplitude d'une pensée. La
fièvre cérébrale se surajoute pour elles à la
poussée de la vie instinctive, sans la ralentir.
Elles aiment d'autant mieux qu'elles savent
qu'elles aiment, elles jouissent d'autant plus

qu'elles savent qu'elles jouissent. C'est parmi ces âmes que se recrute la légion des grands artistes modernes, et si nous sommes les rivaux des siècles plus jeunes, c'est par quelques œuvres où ces âmes ont fixé un peu de l'Idéal singulier qui flotte devant elles, mirage douloureux et sublime, dont les anges et les prophètes du plus profond visionnaire de la Renaissance, Léonard de Vinci, paraissent déjà éprouver les affres alliciantes. Il y a du Vinci dans Beyle, comme dans M. Renan, comme dans Baudelaire, comme dans Henri Heine, comme dans tous les épicuriens mélancoliques de cet âge étrange, où les métaux les plus précieux de la civilisation et de la nature se fondent, dans la tête des tout jeunes hommes, ainsi qu'en un creuset incandescent et intelligent; — qu'importe que, parfois, ces métaux s'y vaporisent!

Parce que les âmes d'élite sont seules capables de se prêter à ces redoutables expériences, et parce que seules elles concilient en elle des activités contradictoires, Beyle a été conduit à ne peindre guère dans ses romans que des créatures supérieures. Cela explique pourquoi ces romans ont choqué d'abord. J'entendais un jour le plus fameux des conteurs russes,

M. Tourgueneff, développer cette doctrine
qu'un récit romanesque doit, afin de reproduire les couches diverses de la société, se dis-
tribuer, pour ainsi dire, en trois plans super-
posés. Au premier de ces trois plans appartiennent, — et c'est aussi leur place dans la
vie, — les créatures très distinguées, exemplaires tout à fait réussis, et, par conséquent,
typiques, de toute une espèce sociale. Au second plan, se trouvent les créatures moyennes,
telles que la nature et la société en fournissent
à foison ; au troisième plan, les grotesques et
les avortés, inévitable déchet de la cruelle expérience. Cette ingénieuse théorie peut être
généralisée davantage encore et servir au clas-
sement de ces Faiseurs d'âmes qui sont les
romanciers, les dramaturges et les historiens
de tous les temps. Selon qu'ils se montrent, en
effet, capables de peindre ou un seul, ou deux,
d'entre ces trois groupes de personnages, ou
bien tous les trois, ils présentent un tableau ou
incomplet ou total de la vie humaine, et occupent un rang différent dans l'échelle des esprits. Nous reconnaîtrons ainsi une première
classe de psychologues, capables uniquement
de montrer les grotesques et les avortés. C'est

le propre des écoles dites assez improprement
réalistes, car la réalité touffue et opulente, pas
plus dans la vie morale que dans la vie physique, n'a pour règle unique l'avortement. Les
psychologues de cette classe sont les satiriques
et les caricaturistes. L'amertume ou le comique
sont leurs qualités habituelles. Ils abondent
surtout au déclin des civilisations, lorsque les
races, à la fois cultivées et fatiguées, fournissent une quantité plus considérable d'ambi-
tieux vaincus ou de rêveurs mutilés. Au-dessus
de ces aquafortistes de la laideur et de la trivialité, apparaît la classe des moralistes qui
voient nettement et qui dépeignent de même les
personnages de valeur moyenne. On aura, dans
l'*Éducation sentimentale* de Flaubert, un modèle achevé de cette psychologie à hauteur
d'appui, à laquelle Molière et La Bruyère,
pour citer deux noms fameux, ont été fidèles.
Ces écrivains, qui sont particulièrement dans
notre tradition française, concluaient volontiers comme Candide que la sagesse suprême
se réduit à « cultiver notre jardin. » Ils viennent, me semble-t-il, du moins au point de
vue de la philosophie générale auquel je. ne
suis mis, exactement au-dessous des tout grands

connaisseurs en passions qui, comme Shakespeare, comme Saint-Simon, comme Balzac, ne
se contentent pas d'esquisser avec une énergie
incomparable les déformations sociales, et de
mettre sur pied avec une parfaite justesse des
êtres moyens, mais sont encore assez puissants
pour créer des hommes supérieurs. Chez ces
derniers, l'art est vraiment le rival de la nature.
Dans leurs livres comme dans la vie, il y a
place pour un plat coquin et pour un magnifique scélérat, pour un bourgeois paisible et
pour un inventeur de génie. Grâce à une ano-
malie qui s'explique par les spécialités de son
caractère et les intentions de son esthétique,
Stendhal s'est à peu près condamné à ne peindre, lui, que des créatures supérieures. Son
Octave de Malivert, son Julien Sorel, son Fabrice del Dongo, son Mosca, sa Mathilde de
la Môle, sa duchesse de San Severino Taxis,
ont, comme lui, des facultés qui les mettent
hors de pair. Ils n'en sont pas moins réels
pour cela, mais d'une réalité qui n'est pas plus
commune que la sensibilité de leur père spirituel ne le fut elle-même. Il avait raison de
dire en parlant d'eux : « *tout mon monde.* »

Oui, son monde; mais aussi, à mesure que

nous avançons, notre monde. Les sentiments compliqués que Beyle a donnés à ce monde conçu d'après sa propre image ne deviennent-ils pas de jour en jour moins exceptionnels? Si l'on veut bien réfléchir à la signification de ce terme : Un être supérieur, on trouvera qu'il résume une ou plusieurs découvertes dans la façon de penser et de sentir. Une fois traduites dans des œuvres d'art, ces découvertes deviennent un objet d'imitation pour d'autres êtres. C'est ainsi, — et je m'en tiendrai à deux écrivains que j'ai étudiés dans ce livre, — c'est ainsi que Charles Baudelaire et M. Renan ont, l'un et l'autre, en creusant leur cœur, inventé deux manières, jusqu'à eux inconnues, de pratiquer, le premier le libertinage et le second le dilettantisme. Ils ont raconté leur rêve nouveau des voluptés de la chair et de l'esprit dans des pages singulièrement hardies, qui ont éveillé, chez des âmes analogues et moins personnelles, des curiosités tentatrices. Ces âmes à la suite, — si l'on peut dire, — sont en train de s'approprier quelque chose de ce qui fut, à une heure aujourd'hui passée, l'originalité suprême de l'auteur des *Fleurs du Mal* et de la *Vie de Jésus*. Pareillement, les nuances de

sensibilité que Stendhal a copiées d'après sa
vie intime lorsqu'il a composé les physiono-
mies de ses héros, se sont faites moins rares à
mesure que ses romans gagnaient des adeptes.
Tout en demeurant typiques, et par conséquent très élevés, ses héros se dépouillent de
cette sorte d'étrangeté, si exceptionnelle qu'elle
en fut effrayante, dont ils apparurent revêtus
au regard des premiers lecteurs. C'est le privilège des auteurs qui se mettent tout entiers
dans leurs livres avec ce qu'ils ont, dans
leur cœur, de sentiments très inattendus, qu'ils
fournissent ainsi matière à des contre-épreuves
de la médaille sans module connu qu'ils ont
les premiers frappée. Nous allons voir tout à
l'heure que, dans une au moins de ses études
sur sa propre sensibilité, Stendhal a si fortement éclairé une des faces de la vie française
de notre temps, que cette étude, lancée d'abord
dans le silence de la critique sous ce titre bizarre de *Rouge et Noir*, a pris place, petit à
petit, dans le groupe de livres que ce même
Sainte-Beuve, si parfaitement inique pour
le Maître romancier, appelait les Bibles du
xix⁰ siècle.

III

LE COSMOPOLITISME DE BEYLE

Poussé très loin, l'esprit d'analyse aboutit
nécessairement au dilettantisme. Les mêmes
lois régissent la vie de notre esprit et la vie
de notre corps. Nous avons les besoins de nos
facultés, comme nous avons les besoins de
nos organes. Qui a la puissance d'analyser
recherche et provoque les occasions d'analyser,
multiplie les expériences, se prête aux émotions, complique ses plaisirs, raffine ses tris-
tesses; manège sentimental qui, peu à peu,
transforme l'analyseur en dilettante. Ce dilettantisme revêt des formes diverses suivant les
caractères et les époques. Une forme sinon
tout à fait neuve, au moins très renouvelée,
est celle qui résulte de l'habituelle fréquenta-
tion des pays étrangers. Des voyages nombreux à la suite des armées impériales, puis
un séjour prolongé en Italie, conduisirent
Beyle à ressembler au prince de Ligne, ce
grand seigneur européen qui disait avec la

plus charmante fatuité : « Il a toujours été à
.a mode de me bien traiter partout et j'ai
éprouvé des choses agréables de plusieurs
pays. J'ai six ou sept patries : Empire, France,
Flandre, Autriche, Pologne, Russie et presque Hongrie... » Beyle avait si bien le sentiment de ce cosmopolitisme voluptueux, qu'il
adopta comme sa devise propre ce vers d'un
opéra bouffe, aujourd'hui oublié, mais qu'il
proclame exquis, *I pretendenti delusi :*
« *Vengo adesso di Cosmopoli.* — Je viens
à présent de Cosmopolis... » Il ajoutait, parlant de lui-même et de quelques compagnons
privilégiés : « Nous sommes bien loin du pa-
triotisme exclusif des Anglais. Le monde se
divise à nos yeux en deux moitiés, à la vérité
fort inégales, les sots et les fripons d'un côté,
et de l'autre, les êtres privilégiés auxquels le
hasard a donné une âme noble et un peu d'esprit. Nous nous sentons les compatriotes de
ces gens-là, qu'ils soient nés à Villetri ou à
Saint-Omer... » Il citait souvent cette maxime,
tirée d'un petit volume du siècle dernier :
« L'univers est une espèce de livre dont on
n'a lu que la première page, quand on n'a vu
que son pays. » Il vécut donc une vie errante ;

mais il la vécut avec le tour particulier d'intelligence que ses constantes habitudes d'analyse
avaient façonné. Son ami Colomb rapporte
une anecdote qui prouverait seule comment
Beyle exploitait, au profit de sa curiosité philosophique, même les circonstances les plus
éloignées de toute philosophie. Il obtint la per-
mission de faire la campagne de Russie,
comme auditeur, délégué au département des
vivres. Le voilà qui s'attache, dans l'intervalle
de ses écritures officielles, à l'examen physiologique de ces masses d'hommes, soldats de
toute arme, de tout âge et de toute nation, qui
composaient la Grande Armée. Sur les bords
du Niémen et à la veille de partir pour Moscou,
il vérifie les observations de Cabanis sur les
tempéraments, et le résultat de cette expérience fut consigné dans neuf chapitres de
l'*Histoire de la peinture en Italie* (92 à 100).
« Fatigué de vaines conjectures sur le sombre
avenir que j'apercevais au fond des plaines
sans fin de la Russie, je revins aux connaissances positives, ressource assurée contre toutes
les fortunes. J'avais un volume de Cabanis,
et devinant ses idées à travers ses phrases, je
cherchais des exemples dans les figures de tant

de soldats qui passaient auprès de moi en chantant, et quelquefois s'arrêtaient un instant lorsque le pont était encombré... »

Un homme que dominent de telles réflexions voyage d'une manière tout à fait personnelle. D'ordinaire, nous nous déplaçons, pour être ailleurs, parce que nos habitudes nous lassent et que nous espérons rajeunir nos sensations, en abandonnant pour quelques semaines ou quelques mois un milieu qui ne nous est plus suggestif de plaisirs aigus ou de peines attachantes. Nous mettons notre existence de tous les jours en jachère, pour la retrouver féconde au retour. Ou bien nous avons étudié par avance un pays, et nous désirons passer de la lettre écrite au fait direct. Nous voulons éprouver le livre par la vie, et doubler notre érudition de seconde main par des constatations plus immédiates. La première de ces deux méthodes de voyage est celle des oisifs, la seconde est celle des savants : historiens ou critiques d'art, écrivains ou simples amateurs. Il en est une troisième, qui est proprement celle du psychologue. Elle est difficile à pratiquer, car elle suppose la faculté, si rare, de s'inventer des plaisirs, et la faculté, plus rare encore,

d'interpréter ces plaisirs. Elle consiste à soumettre sa personne à la pression d'un pays
nouveau, comme un chimiste soumet un corps
à la pression d'une température nouvelle, en
observant avec une entière absence de parti
pris les petites jouissances et les petites souffrances que cette nouveauté emporte avec
elle... J'imagine que vous avez pris ce matin
l'express de Boulogne pour passer de là en
Angleterre, laissant derrière vous votre appar-
tement de Paris, façonné, depuis des jours et
des jours, à la mesure de votre sensibilité de
Français du xix° siècle; et, bonne ou mauvaise, étroite ou compréhensive, vous n'avez
pas fait d'efforts pour abdiquer une minute
cette sensibilité, qui est la vôtre. Efforts d'ailleurs stériles, abdication d'ailleurs impossible,
puisque nous sentons comme nous respirons,
comme nous avons la main longue ou courte,
d'une façon nécessaire et irréparable. Le long
de la route, au lieu de lire des livres sur l'Angleterre, qui vous infligeraient d'avance une
impression ou favorable ou défavorable, mais,
en tout cas, impersonnelle et prématurée, vous
avez parcouru les journaux de France, songé
à vos amis de Paris, au détail de votre vie de

salon ou de boulevard... Le paquebot siffle et
souffle, fendant l'eau verte, qui écume. Les
mouettes volent. Le vent fait s'éparpiller l'em-
brun. A l'horizon, la ligne basse de la côte apparaît, puis le petit port, où les énormes ba-
teaux profilent leurs cheminées dans cette brume
humide, comme peuplée d'invisibles atomes
de charbon, qui semble toujours peser sur la
grande île. Vous avez laissé vos compagnons
monter dans le train qui court de Folkestone
sur Londres, et vous allez, vous, de petite ville
en petite ville, mangeant à la table d'hôte, vous
promenant par les rues, entrant dans les mar-
chés, causant avec toutes les sortes de gens que
les hasards vous font connaître. Vous errez sur
les chaussées désertes, le matin, quand des centaines de servantes hâtives nettoient à grande
eau les maisons coquettes dont les fenêtres,
garnies de carreaux à guillotine, bombent sur
un jardinet planté de roses. Dans l'après-midi,
vous pouvez suivre les lentes et longues parties de *cricket* qui s'engagent, sur les gazons
du jardin public, entre des athlètes en maillot
blanc et en savates claires. Vous écoutez les
musiciens, vêtus d'uniformes rouges, lancer à
coups d'instruments de cuivre les notes du *God*

save the Queen; et le soir, au théâtre, les ac-
trices filer, de leurs voix rauques, des couplets
remplis d'allusions à la politique du temps.
Quand c'est le dimanche, vous entrez à l'office
avec les sérieux personnages coiffés de chapeaux de haute forme. Vous suivez dans le livre
les hymnes que la foule entonne. Vous écoutez
le sermon du prédicateur, comme vous avez lu
la veille la gazette de l'endroit, comme vous
avez, un autre jour, parcouru un volume du
roman à la mode. Après quelques semaines de
cette épreuve tentée avec bonne foi, vos nerfs de
Français et de Parisien auront été secoués
d'une secousse, ou pénible ou agréable, assurément imprévue. Si votre situation sociale ou
votre bonne chance vous permettent de frayer
avec des habitants des coquettes maisons ou
des châteaux d'une façon plus intime, et si
vous pouvez vous associer à leurs distractions,
comprendre leurs travaux, discuter leurs idées,
vous achèverez de vous procurer une série de
sensations anglaises; j'entends par là que
l'existence anglaise, ses particularités et ses
différences, seront pour votre âme, accoutu-
mée à d'autres mœurs, une occasion d' goûts
et de dégoûts d'un ordre unique. Vous ne se-

rez peut-être pas capable d'écrire sur cette
existence anglaise, dix pages qui aient de la
portée, ni surtout qui aient de la proportion.
Qu'importe! Votre but n'était point de connaître en économiste une contrée nouvelle;
votre affaire était de vous approprier quelque
chose de cette somme énorme de plaisirs possibles qu'une société entasse sur ces comptoirs.
Byron disait: « Je suce les livres comme des
fleurs. » Il aurait pu en dire autant de ces livres vivants qui sont les civilisations étrangères. La fleur a des étamines et un pistil, un
nombre et une forme marquée de ses pétales.
L'abeille, qui s'engloutit dans a cloche parfu
mée du calice, ne compte ni es pétales e. ces
étamines. Elle emprunte à la fleur juste de
quoi faire son miel, — et le botaniste, lui, sait
tout de la plante, excepté l'art d'en jouir
comme cette ignorante abeille...!

Stendhal voyagea ainsi en Angleterre où il
se déplut. Deux lettres de 1826 en donnent la
raison. « Les Anglais, écrit il, sont victimes
du travail... Ce malheureux ouvrier, ce paysan
qui travaille, n'ont pour eux que le dimanche.
Or, la religion des Anglais défend toute espèce de plaisir le dimanche, et a réussi à ren-

dre ce jour le plus triste du monde. C'est à
peu près le plus grand mal qu'une religion
puisse faire à un peuple qui, les six autres jours
de la semaine, est écrasé de travail... » Il
voyagea ainsi en Allemagne et ce lui fut un
supplice. « J'ai mis deux ans à désapprendre
cette langue, » a-t-il dit quelque part. Il voyagea ainsi en Italie et ce lui fut une ivresse. Il
fallut la vie administrative et le séjour à poste
fixe au consulat de Civita-Vecchia pour le bla-
ser sur les sensations italiennes. « Quoi ! s'é-
criait-il, vieillir à Civita-Vecchia, ou même à
Rome, — j'ai tant vu le soleil !... » Mais quand
il fit ses premières excursions à travers les sites
du doux pays, excursions dont les notes à
peine postdatées composent le volume de
Rome, Naples et Florence, il était dans la
pleine ferveur de sa découverte d'un univers
inédit, et il terminait ainsi le manuscrit :
« Présenté en toute humilité à M. H. B...,
âgé de trente-huit ans, qui vivra peut-être en
1821, par son très humble serviteur, plus gai
que lui, le H. B... de 1811. » On doit lire ce
journal pour constater combien le voyageur
est personnel et prend à la contrée qu'il traverse précisément de quoi nourrir son besoin

d'impressions nouvelles, — mais rien de pius.
Si le ciel se gâte, il dit franchement : « Rien
pour le cœur, le vent du Nord m'empêche
d'avoir du plaisir... » Si une forme de voiture
lui plaît, il y prend bien garde : « *Imola*,
15 mai. Je voyage en *sediola* au clair de la
lune... » Si un mince détail d'installation lui
est antipathique, il le marque : « Je ne puis obtenir, au café du Palais Rospoli, en payant
bien 'chaque fois, de me faire essuyer la table
sur laquelle on me sert. Les garçons servent
comme par grâce, ils se regardent comme les
plus malheureux des hommes d'être obligés
de remuer... » Si un de ses amis improvisés
lui donne un conseil tout à fait local, il le suit :
« Un de mes nouveaux amis, me rencontrant
un de ces soirs, me dit : Allez-vous quelquefois, après dîner, chez la D...? — Non. —
Vous faites mal : il faut y aller à six heures :
qualche volta si busca una tazza di caffé
(quelquefois on y accroche une tasse de café).
Ce mot m'a fait rire pendant trois jours Ensuite, pour mortifier mon étrangeté, je me suis
mis à aller fréquemment après dîner chez
Mme D...; et, dans le fait, souvent, par ce
moyen, j'ai épargné les vingt centimes que

coûte une tasse de café... » Cette sincérité absolue, cet héroïque et personnel aveu du mi-
nuscule ennui ou de la petite distraction actuelle, ont bientôt fait de procurer à celui qui
s'abandonne ainsi aux bonnes et aux mau-
vaises fortunes de l'heure, un goût très vif et
très original du milieu exotique où il va et
vient, — sans cesser pour cela d'être lui-
même.

Il a fallu, pour qu'une telle disposition d'esprit devînt possible, d'abord que les voyages
fussent plus aisés, et aussi que la somme des
préjugés nationaux fût plus faible. Aujourd'hui
que l'une et l'autre condition se trouve remplie, un assez grand nombre de personnes se
font, comme Beyle, à des degrés et dans des
nuances qui varient suivant les fortunes et
suivant les tempéraments, des centres de sensations exotiques. Peu à peu et grâce à une rencontre inévitable de ces divers adeptes de la
vie cosmopolite, une société européenne se
constitue, aristocratie d'un ordre particulier
dont les mœurs complexes n'ont pas eu leur
peintre définitif. Des femmes la composent,
qui passent la saison à Londres, prennent les
eaux en Allemagne, hivernent en Italie, se re-

trouvent à Paris avec le printemps, parlent
quatre langues, connaissent et apprécient plusieurs sortes d'arts et de littératures. Des
nommés y font figure qui ont dîné ou causé
avec les personnages importants de chaque
pays et dans le pays même, sont reçus dans
des salons et des châteaux distants les uns des
autres de plusieurs centaines de lieues, lisent
les poètes anglais comme les poètes italiens,
écrivent parfois dans deux et dans trois langues et mènent, à la lettre, plusieurs existences. Quoique le caractère casanier des Français, et surtout leur état social, répugnent à ce
dilettantisme du vagabondage, on citerait
parmi les membres de cet *European-Club*
flottant et composite plus d'un de nos compatriotes. Quelques-uns des meilleurs livres
qu'ait produits notre xix⁰ siècle sont dus
aussi à l'expérience de cette sorte de vie.
Ceux de Stendhal sont parmi les principaux.

C'est une question de savoir si cet esprit cosmopolite, dont le progrès va s'accélérant sous
la pression de tant de causes, est aussi profi-
table qu'il est dangereux. Le moraliste qui
considère la société comme une usine à produire des hommes, est obligé de reconnaître

que les nations perdent beaucoup plus qu'elles
ne gagnent à se mêler les unes aux autres et que
les races surtout perdent beaucoup plus qu'elles
ne gagnent à quitter le coin de terre où elles
ont grandi. Ce que nous pouvons appeler proprement une famille, au vieux et beau sens du
mot, a toujours été constitué, au moins dans
notre Occident, par une longue vie héréditaire
sur un même coin du sol. Pour que la plante
humaine croisse solide, et capable de porter
des rejetons plus solides encore, il est nécessaire qu'elle absorbe en elle, par un travail
puissant, quotidien et obscur, toute la sève physique et morale d'un endroit unique. Il faut
qu'un climat passe dans notre sang, avec sa
poésie ou douce ou sauvage, avec les vertus
qu'engendre et qu'entretient un effort continu
contre une même somme de mêmes difficultés.
Cette vérité n'est guère en faveur dans notre
monde moderne, qui se fait de plus en plus
improvisateur et momentané. Qu'on réflé-
chisse seulement, pour en apercevoir la portée,
aux conditions de naissance des œuvres d'art.
Presque toujours un grand écrivain ou un
grand peintre a poussé sur une place natale, à
.aquelle il revient lorsqu'il veut donner à son

idéal une saveur de vie profonde, et les œuvres
de ceux à qui ce sol a manqué, manquent souvent de cette saveur et de cette profondeur. Les
Grecs et les Italiens n'ont offert le spectacle
de leur incomparable fécondité qu'en raison
même de l'abondance des petites patries et des
cités étroites. L'homme est un être d'habitude
qui n'est vraiment créateur qu'à la condition
d'accumuler en lui une longue succession d'efforts identiques, et c'est pour cela que les fortes
races ont toujours eu des commencements mo-
notones, des mœurs étroites, un respect su-
perstitieux de la tradition, une défiance rigoureuse de la nouveauté.

Il arrive une heure dans l'histoire des sociétés où cette discipline féconde, mais peu subtile, a produit un capital de facultés dont le
civilisé jouit, sans s'inquiéter de savoir comment il lui est venu, à la façon de ces fils de
grande maison qui n'augmentent plus leur fortune. Le sens exquis des plaisirs d'aujourd'hui
remplace alors le sens profond de la vigueur
de demain. La haute société contemporaine,
'entends par là celle qui se recrute parmi les
représentants les plus raffinés de la délicate
culture, est parvenue à cette heure, coupable

peut-être, à coup sûr délicieuse, où le dilettantisme remplace l'action; — heure de curiosité volontiers stérile; heure d'échanges d'i-
dées et d'échanges de mœurs. Une évolution
fatale attire les provinces vers les grandes villes
et par-dessus les grandes villes fait flotter, —
comme la Lupata de Swift, — une cité vague
et supérieure, patrie des curiosités suprêmes,
des vastes théories générales, de la savante
critique et de l'indifférence compréhensive.
C'est encore ici une des formes de ce que l'on
est convenu de nommer la décadence. Stendhal
fut un des apôtres de cette forme et un des ouvriers de cette décadence. C'est pour cela que
nous aimons sa littérature. C'est probablement
une loi que les sociétés barbares tendent de
toutes leurs forces à un état de conscience
qu'elles décorent du titre de civilisation, et
qu'à peine cette conscience atteinte la puissance de la vie tarisse en elles. Les Orientaux
disent souvent : Quand la maison est prête la
mort entre... — Que cette visiteuse inévitable
trouve du moins notre maison, à nous, parée
de fleurs [1].

IV

LE ROUGE ET LE NOIR.

J'ai dit que sa puissance d'analyse, sa sensibilité frémissante et la multiplicité de ses expériences, avaient conduit Beyle à concevoir et à exprimer quelques vérités profondes sur la France du XIXᵉ siècle. *Le Rouge et le Noir* renferme l'énoncé le plus complet de ces vérités, — livre extraordinaire, et que j'ai vu produire sur certains cerveaux de jeunes gens l'effet d'une intoxication inguérissable. Quand ce roman ne révolte pas, il ensorcelle. C'est une possession comparable à celle de la *Comédie humaine*. Mais Balzac a eu besoin de quarante volumes pour mettre sur pied le peuple de ses personnages. Il peint à fresque et sur le pan de mur d'un palais. *Le Rouge et le Noir* n'a pas cinq cents pages. C'est une eau-forte, mais d'un détail infini, et dans la courte dimension de cette eau-forte un univers tient tout entier. Que dis-je? Pour les maniaques de ce chef-d'œuvre, les moindres traits sont un

univers. Si j'écrivais de la critique par anecdotes, au lieu d'écrire une étude de psychologie mi-sociale, mi-littéraire, par idées générales
et larges hypothèses, je raconterais d'étranges
causeries entre écrivains connus, dont les cita-
tions de ces petites phrases, sèches et rêches
comme les formules du code, faisaient toute la
matière. L'un disait : « *M. de la Vernaye serait
à vos pieds...* » L'autre continuait : « *éperdu
de reconnaissance...* » C'était à qui surprendrait
son confrère en flagrant délit d'ignorance d'un
des adjectifs du livre. Je donne le fait pour ce
qu'il vaut. Il est exceptionnel, mais l'exception
s'est, à ma connaissance, produite une dizaine
de fois, et témoigne de l'intensité de séduction
que ce roman possède. Au regard de l'analyse, la bizarrerie de ces engouements n'est
qu'une garantie de plus de leur sincérité. Pour
qu'un homme de quarante ans, et qui a vécu,
se souvienne d'un livre au point d'en subir la
hantise, il faut que ce livre aille bien au fond
des choses humaines ou tout au moins contemporaines, et qu'il soit explicatif d'une quantité considérable de caractères et de passions.

Si je ne me trompe, le point de départ de
Rouge et Noir a été fourni à Beyle par une

continue et dure expérience de la solitude intime. Le mot société lui parut, très jeune, éti-
quetter une duperie et masquer une exploitation.
Son enfance fut malheureuse, son adolescence
tourmentée. Il avait perdu sa mère. Il haïssait
son père et il en était haï. Un de ses axiomes favoris fut plus tard que « nos parents et nos maîtres sont nos premiers ennemis quand nous en-
trons dans le monde ». Avec le beau courage
qu'il eut de ses impressions sincères, même con-
damnées par toutes les vertus ou toutes les hy-
pocrisies, Beyle déclara toujours son invincible
répugnance à l'égard des affections obligatoires
de la famille. N'est-ce pas dans la *Chartreuse
de Parme* que se rencontre cette phrase à propos de Clélia Conti : « Peut-être a-t-elle assez
d'esprit, pensait le comte, pour mépriser son
père?... » Et dans *le Rouge et le Noir,* quand
Julien Sorel, condamné à mort pour un assas-
sinat, reçoit la visite du charpentier dont il a
déshonoré le nom, le fils ne trouve d'abord
rien à répondre au reproche du vieillard :
« Son esprit parcourait rapidement tous les
possibles. — *J'ai fait des économies!* s'écria-
t-il tout d'un coup. — Ce mot de génie changea
la physionomie du vieillard et la position de

Julien... Voilà donc l'amour de père! se répétait-il l'âme navrée... » Des férocités pareilles d'imagination prouvent à quelle profondeur l'enfant a été meurtri, pour que la plaie saigne encore dans le cœur de l'homme. Au sortir de cette adolescence cruellement froissée, Beyle fut emporté dans le tourbillon de la tempête napoléonienne. Il connut le sinistre égoïsme des champs de bataille et des déroutes, — égoïsme rendu plus cruel à cette sensibilité souffrante par l'abîme que ses goûts secrets de réflexion et d'art creusaient entre lui et ses compagnons de danger. Plus tard encore et continuant d'observer, mais au centre d'une société pacifique, il constata, sans beaucoup de regret, un antagonisme irréparable entre ses façons de chercher le bonheur et celles de ses concitoyens. Il prit son parti de cette rupture définitive entre les sympathies du monde et sa personne : « Ceci est une nouvelle preuve, écrivait-il à un ami, qu'il n'y a pas d'avantage sans désavantage. Cette prétendue supériorité, si elle n'est que de quelques degrés, vous rendra aimable, vous fera rechercher et vous rendra les hommes nécessaires : voyez Fontenelle. Si elle est plus grande, elle rompt tout rappor

entre les hommes et vous. Voilà la malheureuse position de l'homme soi-disant supérieur,
ou, pour mieux dire, *différent*, c'est là le vrai
terme. Ceux qui l'environnent ne peuvent rien
pour son bonheur... » Orgueilleuse conviction
qui mène celui qui la possède à la scélératesse
aussi bien qu'à l'héroïsme. Se décerner ce bré-
vet de différence, n'est-ce pas s'égaler à toute la
société? N'est-ce pas du même coup suppri-
mer, pour soi du moins, toutes les obligations
du pacte social? Et pourquoi respecterions-
nous ce pacte, s'il est l'œuvre de gens avec lesquels nous n'avons rien de commun? Quel cas
pouvons-nous faire d'une opinion publique
dont nous savons qu'elle est forcément hostile
à ce que nous avons de meilleur en nous?...
Il n'y a pas loin de ces interrogations à la révolte. Beyle en fut préservé par sa délicatesse
native, et plus encore par son esprit d'analyse
qui lui démontra l'inutilité des luttes à la Byron.
Mais son imagination conçut ce que de telles
idées pouvaient introduire de ravages dans une
tête moins désabusée que la sienne, — et il créa
Julien Sorel.

Pour qu'un type de roman soit très significatif, c'est-à-dire pour qu'il représente un grand

18

nombre d'êtres semblables à lui, il est nécessaire qu'une idée très essentielle à l'époque ait
présidé à sa création. Or, il se trouve que ce
sentiment de la solitude de l'homme supérieur,
— ou qui se croit tel, — est celui peut-être
qu'une démocratie comme la nôtre produit
avec le plus de facilité. Au premier abord, cette
démocratie paraît très favorable au mérite, et,
de fait, elle ouvre les barrières toutes grandes
à la concurrence des ambitions, en vertu du
principe d'égalité. Mais en vertu de ce principe, elle met l'éducation à la portée du plus
grand nombre. Et cet excès de logique aboutit
à la plus étrange contradiction. Si nous examinons, par exemple, ce qui se produit depuis
cent années dans notre pays, nous reconnaîtrons que tout adolescent de valeur trouve très
aisément des conditions excellentes où se développer. S'il brille dans ses débuts à l'école, il
entre au collège. S'il réussit au collège, il a
une bourse dans un grand lycée. C'est une
conspiration des parents, des maîtres, et volontiers des étrangers, pour que ce sujet distingué,
— comme on dit en style pédagogique, —
atteigne le plus haut degré de sa croissance
intellectuelle. Les études sont finies. Les exa-

mens sont passés. La volte-face est complète.
La conspiration se fait en sens contraire. Car
le nouveau venu trouve une société où les places sont prises, où la concurrence des ambitions, dont je parlais tout à l'heure, est formidable. Si le jeune homme de talents et pauvre
reste en province, en quoi ses talents le servi-
ront-ils, puisque la vie, là, est toute d'habitudes
et fondée sur la propriété? Il vient à Paris, et
il n'a pas un appui. Ses succès d'écolier, qu'on
lui vantait si fort durant son enfance, ne peuvent lui servir qu'à gagner rudement sa vie
dans quelque position subalterne. Quelles
seront ses pensées, si à la supériorité il ne joint
pas la vertu de modestie et celle de patience ?
En même temps que l'éducation lui a donné
des facultés, elle lui a donné des appétits, et il
a raison d'avoir ces appétits. Un adolescent
qui a lu et goûté les poètes désire nécessairement de belles, de poétiques amours. S'il a des
nerfs délicats, il souhaite le luxe; s'il en a de
robustes, il souhaite le pouvoir. C'est là un
tempérament tout façonné pour le travail littéraire ou artistique. Mais si notre homme n est
ni littérateur ni artiste, — et de fortes âmes
sont incapables de cette sagesse désintéressée

qui se guérit de ses rêves en les exprimant, —
quel drame sinistre se jouera en lui ! Il se sen-
tira impuissant dans les faits, grandiose dans
ses désirs. Il verra triomphant qui ne le vaut
pas, et condamnera en bloc un état social qui
semble ne l'avoir élevé que pour mieux l'oppri-
mer, comme le bétail qu'on engraisse pour
mieux l'abattre. Le déclassé apparaît d'abord,
puis le révolutionnaire... « Il faut en convenir,
dit Stendhal à une des pages de son *Rouge et
Noir*, le regard de Julien était atroce, sa physionomie hideuse ; elle respirait le crime sans
alliage : c'était l'homme malheureux en guerre
avec toute la société... »

Cette guerre étrange, et dont les épisodes
mystérieux ensanglantent d'abord le cœur qui
l'engage, tel est le vrai sujet du grand roman
de Beyle. Guerre passionnée et passionnante,
surtout parce que l'auteur a su donner à son
héros un magnifique outillage de supériorités
réelles. L'intelligence de Julien est de premier
ordre. C'est tout simplement celle de Stendhal
lui-même : perspicace et tourmentée, lucide
comme un théorème d'algèbre et mordante
comme un réquisitoire. La volonté de ce jeune
homme est celle d'un soldat qui fait campagne

et qui, préparé tous les jours au suprême danger, n'attache plus de sens au mot peur. En
même temps, sa sensibilité toujours à vif saigne
au plus léger coup d'épingle. Le voici donc,
fils d'un charpentier de petite ville, ayant reçu
d'un curé qui s'intéresse à son brillant tour
d'esprit une éducation de latiniste. Il a lu le
Mémorial de Sainte·Hélène, et son génie
s'est enflammé à suivre l'épopée de ce parvenu
prodigieux qui fut l'Empereur. Il entre dans
le monde, d'abord comme précepteur chez le
maire de sa ville, puis comme boursier au fond
du grand séminaire de sa province, enfin,
comme secrétaire chez un pair de France. Il
sait, par l'exemple de son modèle idéal, le
simple lieutenant d'artillerie devenu César, et
par les exemples moins éclatants des compagnons de cette incroyable fortune, que tous
les privilèges sociaux appartiennent à qui peut
les conquérir. Et quels scrupules le retien-
draient dans cette conquête ? La morale ? Mais
il n'aperçoit autour de lui que dupeurs rapaces
et dupes victimées. La pitié pour ses semblables, ce que le christianisme appelle magnifiquement la Charité? Mais, tout jeune, son
père l'a battu, et le richard qu'il sert lui a fait

sentir le poids de la dure servitude moderne :
le salaire. Le souci de son repos? Mais son
âme frénétique est comme ces puissantes machines auxquelles il faut une certaine quantité
de charbon à consommer par jour. Elle a faim
et soif de sensations nombreuses, fussent-elles
terribles, — et intenses, fussent-elles coupables. Tout aboutit à le transformer en une
bête de proie allant à la chasse avec les armes
de la civilisation, c'est-à-dire qu'au lieu de
frapper il ruse, qu'il masque sa force pour
mieux dominer, et qu'il devient hypocrite comme Tartufe, ne pouvant commander comme
Bonaparte :

Voilà, je le confesse un abominable homme...,

Ce vers de la comédie de Molière vous
arrive aux lèvres, n'est-ce pas? Stendhal répond
en vous démontrant que des qualités de premier ordre ont conduit cet homme à cette
conception criminelle de lui-même et de la vie,
et que, dans un monde sans tradition, où chaque individu est l'artisan de sa propre fortune,
l'excessive concurrence jointe à l'excessif développement de la vie personnelle est la cause

d'exaspérations d'orgueil qui, en temps de
paix, peuvent mener de forts caractères à de
terribles abus de cette force. Beyle écrivait à
une de ses amies, un peu après la publication
de son livre : « Il y a huit jours, j'ai reçu une
lettre dans le genre de la vôtre, et pire encore;
car, vu que Julien est un coquin et que c'est
mon portrait, on se brouille avec moi. Du
temps de l'Empereur, Julien eût été un fort
honnête homme. — J'ai vécu du temps de
l'Empereur. Donc... Mais qu'importe ?... »

Certes, la couleur de la peinture est merveilleuse. J'admire plus encore la force d'analyse
grâce à laquelle Stendhal a dit le dernier mot
sur tout un groupe au moins de ceux que l'on
appelait, après 1830, les enfants du siècle.
Elle défile, mais drapée magnifiquement, mais
auréolée de poésie, dans beaucoup d'œuvres
de cette époque, la légion des mélancoliques
révoltés : le Ruy Blas de Victor Hugo en est,
et son Didier, comme le Rolla de Musset,
comme l'Antony de Dumas. Ceux-là souffrent
d'une nostalgie qui paraît sublime. Le Julien
Sorel de Stendhal souffre de la même nostalgie,
mais il en sait la raison profonde. La cruelle et
froide passion de parvenir lui tord le cœur, et

il se l'avoue. Il se reconnaît les ardeurs impla-
cables du déclassé tout voisin du crime. L'infinie tristesse et la vague désespérance se résolvent en un appétit effréné de jouissances
destructrices. Pour comprendre les incendies
de la Commune et les effrayantes réappari-
. tions , dans notre vie adoucie, des sauvageries
primitives, il faut relire ce livre et en particulier
les discussions que Julien engage avec lui-
même dans sa prison, quand il attend le jour
de mourir. « Il n'y a pas de *droit naturel*...
Ce mot n'est qu'une antique niaiserie, bien
digne de l'avocat général qui m'a donné chasse
l'autre jour et dont l'aïeul a été enrichi par
une confiscation de Louis XIV. Il n'y a de
droit que lorsqu'il y a une loi pour défendre
quelque chose sous peine de punition. Avant
la loi, il n'y a de *naturel* que la force du lion,
ou le besoin de l'être qui a faim, qui a froid ;
le *besoin*, en un mot... » Par-dessous les con-
venances dont notre cerveau est surchargé,
par-dessous les principes de conduite que
l'éducation incruste dans notre pensée, par-
dessous la prudence héréditaire qui fait de nous
des animaux domestiqués, voici reparaître le
carnassier primitif, farouche et solitaire, em-

porté par le *struggle for life* comme la nature
tout entière. Vous l'avez cru dompté, il n'était
qu'endormi; vous l'avez cru apprivoisé, il
n'était que lié. Le lien se brise, la bête se
réveille, et vous demeurez épouvanté q̈ e tant
de siècles de civilisation n'aient pas étouffé un
seul des germes de la férocité d'autrefois...

« Cette philosophie, — écrit Stendhal lui-
même, lorsqu'il commente les dernières réflexions de Julien Sorel, — cette philosophie
était peut-être vraie, mais elle était de nature
à faire désirer la mort... » Apercevez-vous, à
l'extrêmité de cette œuvre, la plus complète
que l'auteur ait laissé poindre l'aube tragique
du pessimisme? Elle monte, cette aube de
sang et de larmes, et, comme la clarté d'un
jour naissant, de proche en proche elle teinte,
de ses rouges couleurs, les plus hauts esprits
de notre siècle, ceux qui font sommet, ceux vers
qui les yeux des hommes de demain se lèvent,
— religieusement. J'arrive, dans cette série
d'études psychologiques, au cinquième des personnages que je me suis proposé d'analyser.

J'ai examiné un poète, Baudelaire ; j'ai examiné un historien, M. Renan ; j'ai examiné un
romancier, Gustave Flaubert ; j'ai examiné un
philosophe, M. Taine ; je viens d'examiner un
de ces artistes composites, en qui le critique et
l'écrivain d'imagination s'unissent étroitement,
et j'ai rencontré, chez ces cinq Français de
tant de valeur, la même philosophie dégoûtée
de l'universel néant. Sensuelle et dépravée chez
le premier, subtilisée et comme sublimée chez
le second, raisonnée et furieuse chez le troisième, raisonnée aussi mais résignée chez le
quatrième, cette philosophie se fait aussi sombre, mais plus courageuse, chez l'auteur de
Rouge et Noir. Cette formidable nausée des
plus magnifiques intelligences devant les vains
efforts de la vie a-t-elle raison ? Et l'homme,
en se civilisant, n'a-t-il fait vraiment que com-
pliquer sa barbarie et raffiner sa misère ?
J'imagine que ceux de nos contemporains
que ces problèmes préoccupent sont pareils
à moi, et qu'à cette angoissante question ils
jettent tantôt une réponse de douleur, tantôt
une réponse de foi et d'espérance. C'est encore
une solution que de sangler son âme, comme
Beyle, et d'opposer aux malaises du doute la

virile énergie de l'homme qui voit l'abîme noir
de la destinée, qui ne sait pas ce que cet abîme
lui cache, — et qui n'a pas peur !

TABLE

ÉMILE COLIN — IMPRIMERIE DE LAGNY

3235
3

CPSIA information can be obtained
at www.ICGtesting.com
Printed in the USA
LVHW020111010423
743153LV00026B/746

9 781016 112956